开放版权许可协议研究

赵昆华　著

知识产权出版社

全国百佳图书出版单位

图书在版编目（CIP）数据

开放版权许可协议研究/赵昆华著. —北京：知识产权出版社，2017.5

ISBN 978-7-5130-4885-9

Ⅰ.①开…　Ⅱ.①赵…　Ⅲ.①版权—管理—研究—中国　Ⅳ.①D923.414

中国版本图书馆 CIP 数据核字（2017）第 098618 号

责任编辑：高　超　　　　　责任校对：王　岩
封面设计：艾丽德　　　　　责任出版：刘译文

开放版权许可协议研究
赵昆华　著

出版发行：**知识产权出版社**有限责任公司　网　址：http://www.ipph.cn
社　　址：北京市海淀区西外太平庄 55 号　邮　编：100081
责编电话：010-82000860 转 8383　　责编邮箱：morninghere@126.com
发行电话：010-82000860 转 8101/8102　发行传真：010-82000893/82005070/82000270
印　　刷：北京科信印刷有限公司　　经　销：各大网上书店、新华书店及相关专业书店
开　　本：880mm×1230mm　1/32　印　张：5
版　　次：2017 年 5 月第 1 版　　印　次：2017 年 5 月第 1 次印刷
字　　数：80 千字　　　　　　定　价：28.00 元
ISBN 978-7-5130-4885-9

摘　　要

　　人类的任何智力劳动创造，无论是技术发明还是艺术表现，人们所能感知的，都是某种信息。信息的创造和利用依赖于复制传播技术的发展。当技术发展到某个阶段时，产生了相应的信息复制传播市场。为了鼓励信息的复制和传播，人们创设了一种特殊保护制度，赋予信息创造者和传播者一种类似有形财产的垄断权——版权。随着科技的进步，人们不断地开发出更新、更快、更便捷的复制传播技术。在当今信息时代，信息从创造产生到被传播利用再到新的信息，这一系列过程大多是在无形的网络世界中瞬间发生的。但人们已经习惯了多年来"先授权，后使用"一对一的传统版权许可使用模式，除在版权法规定的少数例外情形下，未经作者许可，擅自利用其作品即可能构成侵权。这对数字环境下海量信息的更新和传播构成了一定的制度障碍，特别是使得图书馆等公共文化机构的信息存储与传播职能越发难以满足社会公众的需求。因此，旨在通过互联网促进信息的广泛传播，让社会公众获取更丰富的知识，由科技界、学术界、图书馆界等主体共同倡导的开放获取运动应运而生。

信息是自由流通的，但这种自由是要付出一定代价的。开放版权许可协议正是信息自由流通与版权垄断相互冲突、互相妥协的产物。开放版权许可协议不是要推翻替代现有版权制度，而是以版权法为基础，在尊重作者保留权利的前提下，突破版权垄断"到此为止"法则，鼓励信息自由，提升社会公众的信息利用权限。与传统版权授权制度相比，开放版权许可协议是一种从"保留全部权利"到"保留部分权利"的新型授权模式。

本文首先研究了开放版权许可协议与版权制度的关系、适用背景、法律属性等基本理论问题，其次归纳了目前实践中开放版权许可协议的常见种类，重点梳理了其所包含的版权权利要素，并总结了我国中科院国家科学图书馆在应用开放版权许可协议的过程中遇到的主要问题。最终结论是，在充分尊重作者自由选择基础上，开放版权许可协议与现有版权许可制度并行，有利于促进知识传递和信息传播。

ABSTRACT

Any intellectual creation of people, both technological inven-
tion and artistic expression, are some kind of information that people
could know and perceive. The creation and utilization of information
are based on the development of copy and transmission technologies.
When the technology developed to a certain stage, some relevant
markets of information generated. For encouraging the copy and
transmission of information, people created a special protection sys-
tem to authorize monopoly right similar to property rights, which
was called copyright given to creators and transmitters of infor-
mation. With the development of technology, the newer, quicker
and more convenient copy and transmission technologies have been
exploited continuously. At the present information age, most of the
information's creating, spreading, utilizing and recreating happen
instantaneously online. However, people have been used to the tra-
ditional license system which is ' getting authorization before utili-
zing'. Apart from a few copyright exceptions, using an authors'
works without authorization may constitute copyright infringement
and therefore it brings legal obstacles to the updating and sharing of
massive information in the digital environments, especially leads to

the public cultural organizations' (such as libraries) function of in-
formation storage and transmission difficultly to meet the needs of
the public. Thus the Open Access Movement, with its goal of
making more knowledge accessible to the public through Internet,
came into being.

Information is free, but the freedom is not free. The open
access licenses are outcomes of conflicts and compromises between
the freedom of information and the monopolization of copyright. The
open access licenses do not intent to overturn or replace the existing
copyright system, but to break the ' ending here' rule of copyright
encourage the freedom of information, promote the utilization of
freedom of information by the public, on the basis of copyright law
and respect to the author's preserved rights. Comparing with the tra-
ditional copyright licensing system, the open access licenses is a
kind of new licensing mode changing from ' reserving all rights' to
' retaining part rights' .

This paper firstly studies the relationship between the open ac-
cess licenses and copyright law and other basic theory issues. Then
it summarizes the common kinds of open access licenses, analyzes
essential factors of copyright, sums up problems of applications of
open access licenses of the Chinese Academy of Sciences Library in
practice. The final conclusion is that the open access licenses can
be parallel with existing copyright licensing system on the basis of
respecting the authors' free choice, which are contributable to the
transmission of information and knowledge.

目　　录

导言
问题的由来

　　笔者在中国科学院文献情报中心科技信息政策中心的著作权问题咨询与研究岗位实习的一个月期间，接触到了大量图书馆在数字化建设的实际工作中与版权法相关的知识，如法定存缴、合理使用、数字资源长期保存和开放版权许可协议等。根据实习任务安排，笔者对图书馆开放获取政策中的开放版权许可协议有了一定基础性的了解，认为这是一个值得研究的问题，于是结合三年硕士研究生期间所学的法学知识，对开放版权许可协议的基本理论进行深入研究，并简要总结了中国科学院国家科学图书馆在实践应用中遇到的问题。

　　20世纪90年代末，开放获取运动在全球范围内兴起，国内外学者从不同学科角度展开研究。开放版权许可协议是在开放获取运动中适用的新型版权授权模式，但对于开放版权许可协议的研究，多集中在图书馆界、情报界所关注的实践应用方面，以供数字信息服务提供者参考学习。相比之下，法

学界对于开放版权许可协议的研究较少。国内有法
学学者曾以开源软件许可协议、知识共享许可协议
为例进行了实证研究，指出了开放获取政策对知识
产权制度的影响，并探讨了两者之间兼容性等问
题❶，但未谈及近年来新出现的数据开放版权许可
协议，也未从版权法角度深入分析开放版权许可协

❶ 张平，马骁. 共享智慧——开源软件知识产权问题解析［M］. 北京：北京大学出版社，2005.

张平，张韬略. 数字环境下版权授权方式研究［G］//张平. 网络法律评论. 第6卷. 北京：北京大学出版社，2005.

张韬略. 开源软件的知识产权问题研究——制度诱因、规则架构及理论反思［G］//张平. 网络法律评论. 第5卷. 北京：北京大学出版社，2004.

张平，马骁. 开源软件对知识产权制度的批判与兼容（一）［J］. 知识产权，2004（1）.

张平，马骁. 开源软件对知识产权制度的批判与兼容（二）——开源软件许可证的比较研究［J］. 知识产权研究，2004（2）.

张衡. "知识共享"协议在政府信息资源开发中的适用性研究［J］. 求实，2012（1）：104-106.

杨彬. 开源软件许可证研究［D］. 山东大学硕士学位论文，2008.

彭霞. 论GPL规则下开源软件对我国知识产权制度的影响［D］. 西南政法大学硕士学位论文，2009.

范俪. 数字版权语境下的知识共享许可协议研究［D］. 西南政法大学硕士学位论文，2011.

李高超. 知识共享和著作权制度的未来模式［D］. 华中科技大学硕士学位论文，2011.

彭艳. 开放版权许可协议研究［D］. 湘潭大学硕士学位论文，2012.

议的法律属性及其正当性。因此，本文的创新点在于，全面梳理了现有开放版权许可协议的类型，论证了开放版权许可协议的法律属性及版权权利要素的正当性，为开放获取运动进一步的开展提供了一定理论基础。

本文主要运用了三种研究方法：（1）比较研究法，结合数字信息时代的大背景，将开放版权许可协议与版权许可合同进行对比分析，明确前者的法律属性及特点；（2）价值分析法，从法学理论的角度论证开放版权许可协议中版权权利要素的正当性；（3）归纳法，对较为常见的开放版权许可协议进行了归类，梳理评析了其中包含的版权权利要素。

第一章 CHAPTER 1
开放版权许可协议概述

随着开放获取运动（Open Access，简称 OA）的蓬勃发展，开放版权许可协议日益得到重视并广泛应用在互联网上的信息交流中。开放获取是为推动科技成果通过互联网自由广泛传播而发起的运动❶，它鼓励作者让渡一些权利给社会公众，降低社会公众获取信息的投入成本。但当作者依据合同法的自愿原则放弃某些权利时，并不意味着社会公众可以任意使用其作品，因为作者保留的权利依据版权法仍然具有排他性❷。因此，开放版权许可协议是在承认作者完全享有版权的前提下，利用合同契约自由的精神，搭建的适应数字信息时代发展的版权秩序。从表面来看，开放获取所倡导的信息共

❶ 科学信息开放获取战略与政策国际研讨会在京召开 [J]. 现代图书情报技术，2005（8）：93-94.

❷ 王太平，姚鹤徽，韩冰. 开放获取运动与版权制度的未来模式 [J]. 图书馆，2009（5）：5-7.

享与版权的专有性、垄断性是相矛盾的，但究其根本，开放版权许可协议并不是要推翻或废除版权制度，它必须以版权法的相关规定为基础，否则作者无法对自己的作品声明版权，更无从谈起放弃版权。开放版权许可协议与版权法的宗旨是一致的，即繁荣市场、造福社会❶。要研究开放版权许可协议，首先要弄清其法律基础、产生背景以及其自身属性等基本理论问题。

第一节　开放版权许可协议的基础：版权与版权法

一、版权制度的产生与发展

版权指文学、艺术和科学作品的创作者对其所创作的作品享有的权利，包括精神权利和经济权利。其中，精神权利指作者对其作品体现出的特定

---

❶　周林. 新修订的《著作权法》应有利于信息自由［M］//周林. 知识产权研究. 第21卷. 北京：知识产权出版社，2012.

精神或人格所享有的权利，而经济权利又称财产权利，指通过对作品的利用获得经济收益的权利❶。利用作品，既可以是作者直接利用，也可以是作者通过版权转让或许可他人利用。

版权产生的最重要原因是市场经济发展的需要。版权的转让或许可是一种交换，有交换就有市场❷，有市场就会有竞争，有竞争就容易发生利益失衡❸，需要用一定的规则来维持市场中的利益平衡，版权法因此应运而生。版权法的制定，是通过赋予作者在一定期限内对其作品加以利用的控制权，以激励作品创作、保护作者、传播者和社会公众的三方利益。因此，利益平衡是版权法应有之义，但并非版权法的立法宗旨。版权制度的宗旨应为繁荣市场、造福社会，利益平衡是其实现目标的手段，信息自由是其成功与否的衡量标准❹。

版权的产生和发展还与施政者的选择和科学技

❶ 李明德. 知识产权法［M］. 北京：社会科学文献出版社，2007：66.

❷ 张曙光. 分工、交易和市场化［J］. 南方经济，2014（11）：93-99.

❸ 王学军. 市场竞争格局的失衡及治理对策［J］. 经济问题探索，1992（2）：26-29.

❹ 周林. 新修订的《著作权法》应有利于信息自由［M］//知识产权研究. 第21卷. 北京：知识产权出版社，2012.

术的发展密切相关。从版权的起源来看，最早对于
作品的保护是授予出版商特许权。15 世纪 50 年
代，德国人约翰内斯·古登堡发明金属活字印刷
术❶。15 世纪末，威尼斯共和国授予印刷商 5 年有
效期的印刷出版专有权，这被看作西方世界第一个
保护翻印权的特许令。1709 年，英国安妮女王颁
布了《安妮法》❷。该法第一次明确规定了作者与
书商、印刷出版商各自享有的不同专有权。书商或
印刷出版商对他们印制和发行的书依法享有翻印、
出版、出售等专有权；作者对尚未印制的作品享有
允许或禁止他人"印刷出版"的专有权，对已印

---

❶ 周艳敏，宋慧献. 古登堡之后：从印刷特权到现代版权 ［J］. 出版发行
研究，2008（9）：75-78.

❷ 《安妮法》的全称是《为鼓励知识创作而授予作者及购买者就已印刷成
册的图书在一定时期内的权利之法》（An Act for the Encouragement of Learning, by
vesting the Copies of Printed Books in the Authors or purchasers of such Copies, during
the Times therein mentioned），学界对该法的简称有不同译法，如《安娜法》《安娜
法令》《安娜女王法》《安娜女王法令》《安妮法》《安妮女王法》等。就女王称
呼来说，按习惯译法，英文"Anne"对应的中文是"安妮"，英文"Anna"对应
的是"安娜"；就立法性质而言，"the Statute of Anne"是经严格立法程序，由英
国上、下议院与女王一致同意的议会立法，属"Act"（可直接称"法"），而不
是那种未经上下两院和英王一致同意，仅由其中一方或两方同意而制定的"Ordi-
nance"（通译为"法令"），为作区分，以"法"来称呼"the Statute of Anne"似
乎更合适。易健雄. "世界上第一部版权法"之反思——重读《安妮法》［J］. 知
识产权，2008（1）：20-26.

制的图书在重印时享有专有权❶。可见，最早产生
的版权是出版权❷，印刷复制是最传统的作品使用
和传播方式之一。

二、数字技术对版权制度的挑战

美国沃伦·厄尔伯格大法官曾说过，"版权法
中蕴含着两条真理：第一，版权法中存在大量复杂
的、需要调和的利益冲突；第二，版权法将不断受
到科学技术发展的挑战。"❸ 所以，在追求利益平
衡和适应技术变革的推动下，版权制度几乎每隔十
年左右就要有一次大的调整，主要表现在：增加了
一些新的受保护客体，如地图、音乐、摄影、美
术、电影作品；产生了一些新的对作品的利用方
式，如表演、展览、放映、广播等。20 世纪末期，
数字技术的发展和网络的普及更新了信息传播渠
道，人们对作品的利用方式更加多样化。但版权法

---

❶ 《安妮法》在序言中明确指出，颁布该法的主要目的是防止印刷者不经作者同意擅自印刷、翻印或出版作者的作品，以鼓励有学问、有知识的人编辑或写作有益的作品。郑成思．知识产权论［M］．北京：社会科学文献出版社，2007：22.

❷ 李顺德．版权、出版权和出版者权［J］．科技与出版，2006（1）：59-60.

❸ 郭威．版权默示许可制度研究［M］．北京：中国法制出版社，2014.

一贯坚持媒介中立的原则，无论采用何种形式，只要一项技术能够对作品进行记载和再现，即可被纳入版权法的调整范围❶。于是，软件、数据库被纳入版权法保护范围，信息网络传播权成为作者新的权利内容，并一跃成为作品的主要传播方式之一，体现了版权法与时俱进的特征。

然而，数字信息技术带给版权法的最主要挑战并非是新的作品种类或利用方式，而是它改变了人们检索、获取、处理、传播和分享信息的方式。信息可以脱离固定媒介被复制加工，这样的改变才是对版权法生存环境的最大挑战❷。

---

❶ 高富平. 寻求数字时代的版权法生存法则 [J]. 知识产权，2011（2）：10-16.

❷ 同上。

第二节　开放版权许可协议的
适用背景：开放获取

一、开放版权许可协议与开放获取的渊源

版权既不是与生俱来的固有自然权利，也不是依据公平公正原则所获得的权利❶，它是由国家或法律赋予的特殊权利。关于版权的获得和保护的理论基础主要有四种学说：自然权利论、报酬论、人格理论、激励论❷。包括我国在内的大多数国家版权法都建立在激励论的基础之上，即认为版权是为那些花费了时间和劳动的作者提供的一种回收投资的机制，保证作者从他们的创作中获得利润。因此，版权归属于作品的创作者。

随着社会分工越来越细化，以不同的方式利用作品需要特定的技能，所以作品的创作者和传播者

❶　李明德. 知识产权法［M］. 北京：社会科学文献出版社，2007：13.
❷　李雨峰，王迁，刘有东. 著作权法［M］. 厦门：厦门大学出版社，2006：12.

往往是不同的人。在利益的驱动下，出版商通过签订版权转让或许可合同获得作者全部或部分经济权利的所有权或使用权，成为版权受让人。版权受让人和作者可以统称为版权所有者，但版权受让人通常是作品的主要传播者。在市场经济不断发展的过程中，版权制度赋予作者的专有权逐渐演变成版权受让人谋取商业利益的工具，版权保护也在版权受让人的推动下处于不断的强化与扩张趋势之中。尽管这种垄断性权利要受到保护期限、合理使用、法定许可等限制，但一对一授权模式仍然极大地限制了社会公众自由获取信息的权利❶。价格越来越昂贵的科学文献一方面导致了图书馆、科研机构、大学订购量的大幅减少，另一方面引发了盗版市场的猖獗和网络传播秩序的混乱。传统版权许可制度不仅没能适应新技术的发展，甚至自身都寸步难行❷。

开放获取运动正是在传统版权许可制度面临上述困境时在全球范围内兴起的。我国不少学者自开

---

❶ 陈星. 开放获取模式对高校版权制度的影响分析 [D]. 华中科技大学硕士学位论文，2010: 4.

❷ 王太平，姚鹤徽，韩冰. 开放获取运动与版权制度的未来模式 [J]. 图书馆，2009（5）: 5-7.

放获取运动开始之初就倍加关注，但相关研究多集中在图书馆学、情报学和计算机应用等学科，法学领域研究相对较少。尽管开放获取和传统版权制度有很大区别，但它尊重现行版权政策。开放版权许可协议是开放获取运动中适用的版权许可模式，对开放获取运动的发展有直接影响。

二、开放版权许可协议

（一）开放版权许可协议的定义

开放版权许可协议也称开放版权许可证、公共版权许可协议，是协调版权保护和信息自由获取保障方面的处理机制❶。在该协议下，作者仅保留少数几项权利（如署名权、保护作品完整权、信息网络传播权等）或放弃全部权利后，将其作品以数字化形式存储至网络，允许社会公众免费获取使用，但使用者必须尊重作者保留的部分权利，遵守协议规定。

需要特别指出的是，美国《纽约时报》采用

---

❶　陈传夫. 开放内容的类型及其知识产权管理［J］. 中国图书馆学报，2004（6）：9-13.

的表述是开放版权许可协议,代指开放获取过程中适用的各种版权许可协议;但开放知识基金会(Open Knowledge Foundation)认为开放版权许可协议仅代指 CC 协议等内容开放版权许可协议❶,公共版权许可协议更具有广泛性。笔者认为"开放"(open)比"公共"(public)更能准确表达开放获取所适用的版权许可协议的属性,开放获取不是完全进入公共领域,而是在版权基础之上不同程度的开放。

(二)开放版权许可协议的意义

根据现行版权法规定,除合理使用、法定许可的版权限制情形外,一般需先取得作者的授权才能利用作品,否则即可能构成侵权。在这种"先授权,后使用"的传统保护模式下❷,作者们习惯性为自己的作品贴上"保留所有权利"(All Rights

---

❶ Open Licenses vs Public Licenses,http://blog.okfn.org/2010/10/15/open-li-censes-vs-public-licenses/,2010-10-15/2015-03-17. Travel Site Built on Wiki Ethos Now Bedevils Its Owner,http://www.nytimes.com/2012/09/10/business/media/once-a-profit-dream-wikitravel-now-bedevils-owner.html,2012-09-10/2015-03-17.

❷ 朱磊. 文著协:应遵循"先授权后使用"的原则 [N]. 法制日报,2009-11-09(7).

Reserved）的版权声明。事实上，绝大部分作品的创作都需要以前人的成果为依托，很难有绝对的独创。版权固然应当受到保护，但如果人人都强调对自己版权的绝对保护，不仅会大大增加了侵权风险，还将造成信息利用的垄断。这样的结果既可能导致作者应有的权利得不到尊重，还可能会使大量优秀作品的利用价值被埋没或丧失广泛传播的机会❶。开放版权许可协议鼓励作者让渡大部分权利给社会公众，既降低了版权利用的交易成本，又方便了社会公众获取和利用信息资源，于是越来越多的人加入开放获取运动之中，既是信息贡献者，又是资源使用者，正所谓"予人玫瑰，手留余香"。

（三）开放版权许可协议的产生原因

开放获取最初是图书馆等公共文化教育机构为了应对出版商提高学术专著、期刊价格，从而掀起的一场呼吁信息自由传播运动，这场运动需要一种既尊重但又不同于传统版权授权制度的新模式作为秩序保障。但追本溯源，开放版权许可协议产生的

---

❶　周训杰. 数字作品的许可授权机制——创作共用［J］. 图书馆工作与研究，2007（6）：33-35.

实质原因是传统版权授权制度跟不上时代前进的步伐，不能满足社会公众对信息的急切需求。

为打破传统版权制度导致的信息垄断与限制，一批认同开放获取理念的软件开发者主动放弃其作品的经济权利，探索数字时代版权利用管理的新模式。他们将创作的软件作品的源代码公开上传至互联网，并以开源许可协议（Open Source License）的形式授予所有使用者任意复制、传播的权利。这一举动在网络上吸引了大批支持者和参与者❶，开放获取也从最初的计算机软件作品的开放源代码运动迅速延伸到图书、音乐、网站、数据等信息领域，并形成一定的规模。开放版权许可协议作为开放获取的制度保障，也有学者将它称为"开放获取之魂"❷，通过最小限度的规范使用者的行为，使其不侵犯作者保留的少部分权利，保证开放获取的初衷不被改变，它向使用者们昭示：开放资源不都是公有领域资源，也不都是可以绝对自由取用的无主物。

---

❶ 张平，张韬略. 数字环境下版权授权方式研究 ［M］//张平. 网络法律评论（第6卷）. 北京：北京大学出版社，2005：3-13.

❷ 黄少玲. 对开放获取及其版权保护的探究 ［J］. 图书馆学研究，2009（5）：87-90.

三、开放获取运动

（一）开放获取的定义

开放获取也被译为开放存取、开放访问、公开获取、公开访问等，台湾地区译为开放近用。关于开放获取在国际上有三个文件，即《布达佩斯开放获取计划》（2002 年 2 月发布）、《贝塞斯达开放出版声明》（2003 年 6 月发布）❶ 和《关于自然科学与人文科学资源的开放获取柏林宣言》（2003 年 10 月发布，简称《柏林宣言》）❷。根据《布达佩斯开放获取计划》的定义，开放获取指作者通过互联网公开发布自己的科学成果，允许社会公众自由获取、复制、分发、传播或者其他任何合法目的的利用，不设经济、法律或技术方面的障碍，但不得侵犯作者保留的权利❸。开放获取旨在通过互联

---

❶ Bethesda Statement on Open Access Publishing, http://legacy.earlham.edu/~peters/fos/bethesda.htm, 2003-04-11/2015-03-16.

❷ Berlin Declaration on Open Access to Knowledge in the Sciences and Humanities, http://www.berlin7.org/spip.php%3Farticle28.html, 2015-03-16.

❸ Budapest Open Access Initiative, http://www.budapestopenaccessinitiative.org/, 2002-02-14/2015-03-16.

网促进信息的广泛传播，让社会公众获取更丰富的知识和信息，这需要每一位科学知识的作者的积极配合❶。

（二）开放获取的适用对象

《柏林宣言》在《布达佩斯开放获取计划》的基础上，将开放获取的对象扩大为科学研究成果、原始数据和元数据、参考资料、图片图表和学术类多媒体素材等能够提升全人类社会知识水平和福利的教育资源❷。国内有学者归纳了三个国际文件中有关开放获取适用对象规定的共同特点：以科学成果、学术材料为主；经过数字化处理；通过互联网络存储和传播；免费获取❸。

---

❶ Berlin Declaration on Open Access to Knowledge in the Sciences and Humanities，http://www.berlin7.org/spip.php%3Farticle28.html，2015-03-16.

❷ 同上。

❸ 该位学者在提取上述共同特点的基础上，对开放获取作出如下定义："开放获取"是国际学术界、出版界和图书馆界为推动科学成果和学术作品通过开放的互联网为公众免费、无法律障碍和技术限制的自由获取和传播而提出的一项版权解决方案。其目的是打破目前由于科研信息的封闭交流和有偿使用所造成的信息获取的不平等，促进科研人员之间及其与公众之间的学术信息交流、提高科研经费和科学成果的利用率以及实现国家科学文献的永久保存和永世利用。翟建雄. 信息开放获取中的版权问题及图书馆的对策［J］. 法律文献信息与研究，2006（4）：1-28.

（三）开放获取的实现前提

《柏林宣言》规定了开放获取的实现须满足以下两个条件：第一，以适当方式标明作者的权利；第二，将完整作品以标准的电子格式存储至在线知识库。满足上述条件后，任何人都被允许以负责任的态度在全球范围内免费、永久地获取作品，并可以通过任何数字媒介对作品进行复制、传播和演绎❶。存储开放获取作品的知识库通常由某些旨在实现作品开放获取、广泛传播、长期保存的研究机构、学术团体、政府机关或其他被公认的常设组织进行支持和维护❷。

（四）开放获取的实践途径

开放获取的实践途径主要有两种，第一种是开放存储（Open Access Archives），又称自存储、绿色 OA 模式，即将学术作品等研究成果存储到机构

❶　杨学春.开放存取的理论基础——兼论许可协议［D］.华东师范大学硕士学位论文，2008：4.

❷　Berlin Declaration on Open Access to Knowledge in the Sciences and Humanities，http://www.berlin7.org/spip.php%3Farticle28.html，2015-03-16.

或学科知识库❶，自由选择立即开放获取或是在一
段时滞期后（一般为6~12个月）开放获取。这是
目前我国科研资助机构和教育机构开放获取的主要
实践途径；第二种是开放出版（ Open Access Pub-
lishing），又称金色OA模式，指将研究成果立即开
放出版，即允许全文立即开放获取，论文开放出版
所需的费用最终要通过研究项目的资助、作者所在
机构或作者本人承担支付❷。

第三节　开放版权许可协议的法律属性

一、版权许可制度

正如上文所言，版权中的经济权利可以为作者
带来的一定的经济利益。然而，在作品完成之初，

---

❶ 机构知识库指采集和保存来自个别或者多所大学团体知识成果的数字化
存储库。

❷ 顾立平 . 开放获取资源的发展研究 [J]. 信息资源管理学报，2014（1）：
46-55.

这种利益只是一种潜在的利益，必须通过作品的利用，即通过版权的转让或许可，才能将这种潜在的经济利益转化为现实的利益。版权许可制度是大多数作者获取经济利益的主要方式❶。

（一）版权许可的定义

版权许可指作者将自己享有的版权，在一定期限内转移给他人，并获得相应的报酬。版权许可不同于版权转让，它不是所有权的转移，而是使用权的转移，版权仍归属于作者。当版权许可的期限届满后，有关权利会回归作者。这种转移指的是经济权利的转移，作者的精神权利永远归属于作者。版权许可可以是一项或几项权利的许可，也可以是版权的整体许可。在禁止版权转让的国家，如德国和2001年著作权法修订之前的我国，作者唯一利用版权的方式就是版权许可，授予他人对作品的使用权是作者获得经济收益的主要途径。

---

❶　沈仁干．郑成思版权文集（第1卷）［M］．北京：中国人民大学出版社，2008：352.

（二）版权许可的分类

1. 根据授权权限划分

根据授权权限的不同，版权许可又可以被划分为独占许可和非独占许可。独占许可又被称为专有许可、排他性许可，即作者仅许可一家以某种方式使用自己的作品，不再向第三人发放同样的许可。非独占许可也称非专有许可、一般许可，即作者在许可一家以某种方式使用自己的作品后，还可以许可其他人以同样的方式使用自己的作品。当权益受到侵害时，独占许可的被许可人有权以自己的名义直接起诉；而非独占许可的被许可人不能以自己的名义起诉，只能由作者行使诉权❶。

2. 根据授权性质划分

根据授权性质的不同，传统的版权许可制度包括授权许可制度、法定许可制度和强制许可制度。授权许可制度是版权利用的一种方式，包括单独授权、集体授权、代理授权三种常见模式和新出现的要约授权模式。法定许可制度和强制许可制度通常

---

❶ 李明德，许超. 著作权法［M］. 第2版. 北京：法律出版社，2009：148.

被归入版权限制的范畴。在我国，法定许可制度包括合理使用和法定许可。我国立法中没有强制许可制度的规定❶。

授权许可制度充分尊重了作者的权利和人格，体现了合同法中的契约自由精神。（1）单独授权即传统的一对一授权模式，作者与使用者分别、单独签订版权许可合同来实现授权❷；（2）集体授权主要指作者授权著作权集体管理组织管理其权利，著作权集体管理组织以自己的名义行使相关权利，包括监督其作品使用情况，代表作者与潜在使用者进行谈判，在合适的情况下发放授权许可，收取和分配许可费，必要时代表作者提起侵权诉讼或参与仲裁；（3）代理授权指作者授权版权代理公司管理其权利，版权代理公司以作者的名义行使相关权利。社会公众在使用作品之前，须与代理公司签订许可协议，支付使用费，代理公司在一定期限内向作者转交报酬❸；（4）要约授权是近年来才出现的

---

❶　杨红军．版权许可制度论［M］．北京：知识产权出版社，2013：1.

❷　田胜．数字图书馆建设中的版权许可问题探讨［J］．内蒙古电大学刊，2006（12）：53-57.

❸　Collective Administration of Copyright and Neighboring Rights Study on and Advice for the Establishment and Operation Organizations，WIPO Publication No. 688（E），1990.

新模式。在作品出版发行时，作者可以根据其意愿给作品附随一个符合要约构成要件的授权声明，明确该作品的版权授权范围、费用及其支付方式等内容，任何人或机构可以按照授权要求直接利用该作品，无须再与出版商或作者本人协商❶。

二、代理授权与要约授权相结合的新授权模式

开放版权许可协议属于授权许可制度中的一种新型授权模式，它结合了代理授权和要约授权模式，但又具备自身特点。

（一）开放版权许可协议体现的代理授权性质

因为作者熟悉的是自己的作品和自己想保留的权利，对于版权法的具体规定可能并不了解，并且不愿耗费过多时间在授权程序上。因此，国际上有很多类似于自由软件基金会（Free Software Foundation）、知识共享组织（Creative Commons）等非营

---

❶ 马海群，等．面向数字图书馆的著作权制度创新［M］．北京：知识产权出版社，2011：188．

利组织，为了推动开放获取运动的开展，鼓励作者传播共享自己的作品，制定了适用于软件、内容、数据库等不同客体的开放版权许可协议模板供作者免费使用。于是，这些非营利组织发挥了公益性第三方代理机构的作用，它们不同于以营利为目的的出版商或数据库服务商，协议中的权限要素设定得更加宽泛、公平，既为作者提供了统一的标准和形式，便于其自主选择；又降低了使用者的利用成本，减少其侵权风险，具有授权效率高、授权范围广、授权成本低等优点❶。

（二）开放版权许可协议体现的要约授权性质

单纯就开放版权许可协议本身而言，其本质属于要约，是当事人订立合同的一种方式❷。开放版权许可协议一般包括授权、义务、免责等主要条款，不同的协议模板包含了不同的权利要素，作者可以根据自己的实际需要，选择最适合的协议，与

---

❶　朱秀明．数字图书馆版权许可制度研究［D］．中国政法大学硕士学位论文，2011：9.

❷　我国《合同法》第14条规定，要约是希望和他人订立合同的意思表示，该意思表示应当内容具体确定，并且表明经受要约人承诺，要约人即受该意思表示约束。

作品一同存储至机构/学科知识库，或者直接发布。
社会公众在利用该作品之前，首先需要阅读作品附
带的开放版权许可协议，如果同意作者的权限要
求，即可免费获取使用。相当于使用者作为受要约
人同意了要约的意思表示，以行动作出承诺，开放
版权许可协议生效❶。如果使用者未遵守开放版权
许可协议，则其行为仍落入版权法的管辖范围❷。
在国外已有了承认开放版权许可协议效力的司法判
例❸。例如，当一位学者完成一篇学术论文后，想
弃除署名权之外的所有版权权利，直接开放出版，
则他可以选择知识共享组织提供的知识共享署名许
可协议（CC BY），使用者看到 CC BY 后，即可免
费复制、演绎、传播该作品，无须再获得作者许
可，但必须保留原作者的署名。因此，开放版权许
可协议实质上是代理授权和要约授权相结合的新型

---

❶ 我国《合同法》第 21、22、25、26 条规定，承诺是受要约人同意要约的
意思表示。承诺应当以通知的方式作出，但根据交易习惯或者要约表明可以通过
行为作出承诺的除外。承诺不需要通知的，根据交易习惯或者要约的要求作出承
诺的行为时生效。承诺生效时合同成立。

❷ 马海群，等. 面向数字图书馆的著作权制度创新［M］. 北京：知识产权
出版社，2011：188.

❸ 翟建雄.《知识共享许可协议》及其司法判例介绍［J］. 图书馆建设，
2007（6）：412-431.

授权模式，更加利于海量数字作品的授权与传播。

（三）开放版权许可协议与传统版权许可合同的区别

开放版权许可协议与版权许可合同有很多相同之处，它们均属于版权授权许可制度，大部分都是格式合同，涉及作者与使用者的权利义务的分配等内容。无论是开放版权许可协议还是版权许可合同，两者均为合同法的一部分，从合同的签订、效力、履行、违约责任等，都应当符合合同法的一般原则和规定。同时，它们又都是版权法的一个部分，由于版权是一种无形财产权利，版权许可制度有自身的特点，不可能完全适用于合同法对于有形财产的原则和规定。但两者之间存在更多的是区别，开放版权许可协议相对于传统的版权许可合同，更具有灵活性和挑战性。

版权许可合同有多种多样，大体可以以使用作品的方式，或者许可的权利种类来划分，如出版（权）合同、表演（权）合同、演绎（权）合同和展览（权）合同，等等❶。下文提到的开放版权许可协议与传统版权许可合同的区别，主要以开放出版许可协议和传统出版合同为例。

1. 授权理念不同

根据《著作权法》第 26 条规定，作者在许可使用合同中未明确许可的权利，未经作者同意，另一方当事人不得行使；而开放版权许可协议中，除作者明确保留的权利外，其余均可自由使用。即前者是"未明确许可不可用"，后者是"未明确保留就可用"。因此说开放版权许可协议是作者从"保留全部权利"到"保留部分权利"理念转变的产物❷。

2. 制定者不同

版权许可合同的制定者大多是出版商或数据库服务商，出于营利目的，他们会预先拟定出格式合同，作者只能表示全部同意或者不同意；开放版权

---

❶ 其中的出版合同又可以分为图书出版合同和报刊出版合同；表演合同又可以分为舞台表演合同和机械表演合同（如广播组织的播放合同）；演绎合同又可以分为翻译合同、摄制电影合同、改编合同等。

❷ 王春燕. 知识共享在中国. 从理念到现实 [EB/OL]. [2015-03-20]. http://www.civillaw.com.cn/article/default.asp?id=25797，2006-04-14/2015-03-20.

许可协议往往是由倡导开放获取的公益组织或图书馆、科研机构、大学等非营利机构提供格式合同的制定模板，供作者自己挑选，形成符合自己需求的许可协议。

3. 授权模式不同

版权许可合同是传统上的一对一授权模式，即单独授权许可模式，作者与特定的出版商、数据库服务商或者著作权集体管理组织订立版权许可合同，除此之外，作者通常不能再与其他个人或机构签订版权许可合同；开放版权许可协议是一对多授权模式，任何人在遵守开放版权许可协议的前提下，均可成为作品的利用者。

4. 授权权限不同

版权许可合同包括独占许可和非独占许可两种形式，但绝大部分作者被要求签订独占许可合同。作者和财大气粗的出版商、数据库服务商相比，大多处于弱势地位，他们要想顺利传播自己的作品，就必须签订独占许可合同，将法律赋予他们对作品享有的经济权利转移给唯一作者行使，造成信息利用的垄断，这是开放获取运动的导火索。我国《著作权法》第31条对这种专有出版权予以认可；

开放版权许可协议只能是非独占许可，这也是由一对多授权模式决定的，不特定的社会公众均可在协议下利用作品，突破了版权独占许可"到此为止"的封锁❶。

5. 规定内容不同

根据《著作权法》第 24 条规定，版权许可合同应当包括（1）许可使用的权利种类；（2）是独占许可还是非独占许可；（3）许可使用的地域范围和期间；（4）付酬标准和办法；（5）违约责任；（6）双方认为需要约定的其他内容；而开放版权许可协议一般不包括（2）、（4）、（5）项内容，甚至还包含了免责条款，因此其不仅违反了我国版权法有关版权许可合同的内容规定，还违反了合同法对于格式合同的限制要求，从严格意义上来讲属于无效条款，这也是下文将要提到的开放版权许可协议在我国大规模适用的障碍之一。

6. 成立方式时间不同

版权许可合同多在作品发行前以书面形式

---

❶ 何晓丽. 浅析 copyleft 规则下的版权许可模式［J］. 法制与社会，2009（10）：62-63.

(例如合同书、信件或数据电文等能够以有形方式表现所载内容的形式) 订立，双方当事人签字、盖章或签订确认书时，合同成立；开放版权许可协议以要约形式与作品同步发行，只有在使用者以行动作出承诺时才成立。

7. 是否具有可撤销性不同

版权许可合同双方当事人可以根据《合同法》第 17 条、18 条、27 条规定撤回、撤销要约或撤回承诺；但开放版权许可协议的要约一旦发出，就禁止作者在版权保护期限内撤回、撤销要约，社会公众一旦使用作品就相当于作出承诺，不存在撤回的可能性。

第二章 CHAPTER 2
开放版权许可协议的种类

　　根据适用对象的不同，开放版权许可协议大致可分为内容、软件、数据许可协议。由于实践操作的需要，有些协议适用对象的覆盖范围可能有重叠，本文对一些常见的开放版权许可协议就其主要适用对象进行归类。

第一节　主要适用于内容的许可协议

　　开放内容（Open Content），也译为内容开放，由美国开放教育资源学者戴维·威利在 1998 年提出❶。内容可以是图像、音频、视频和文本等除软

---

❶　Open Publication License. http://www.opencontent.org/openpub/，2015 - 03 - 08.

件之外任何以数字形式存储或发布的信息。维基百科、麻省理工学院开放课件（MIT Open Course Ware）等都是国际范围内知名度较高的开放内容项目❶。在这些广泛的内容信息中，主要适用的许可协议有以下几种。

一、知识共享许可协议/CC 协议

6 种 CC 协议简介

协议名称	所包含的关键要素及缩写	说　明
CC_ BY	Attribution 署名（BY）	用户可以复制、发行、展览、表演、放映、广播或通过信息网络传播此作品，但必须按照作者或许可人指定的方式对作品进行**署名**
CC_ BY _ NC	Noncommercial 非商业性使用（NC）	用户可以复制、发行、展览、表演、放映、广播或通过信息网络传播此作品，但必须按照作者或许可人指定的方式对作品进行**署名**，并且**不得为商业目的而使用**本作品

❶ 傅蓉. 开放内容许可协议及其内容研究［J］. 情报理论与实践，2012（12）：37-41.

续表

协议名称	所包含的关键要素及缩写	说　明
CC_ BY _ ND	No Derivative Works 禁止演绎（ND）	用户可以复制、发行、展览、表演、放映、广播或通过信息网络传播此作品，但必须按照作者或许可人指定的方式对作品进行**署名**，并且**不得改变、转变或变更**本作品
CC_ BY _ SA	Share-Alike 相同方式共享（SA）	用户可以复制、发行、展览、表演、放映、广播或通过信息网络传播此作品，但必须按照作者或许可人指定的方式对作品进行**署名**，若改变、转变或变更本作品，必须**遵守与本作品相同的授权条款才能传播**由本作品产生的演绎作品
CC_ BY _ NC_ SA	—	用户可以复制、发行、展览、表演、放映、广播或通过信息网络传播此作品，但必须按照作者或许可人指定的方式对作品进行**署名**，并且**不得为商业目的而使用**本作品，若改变、转变或变更本作品，必须**遵守与本作品相同的授权条款才能传播**由本作品产生的演绎作品

续表

协议名称	所包含的关键要素及缩写	说　明
CC_ BY_ NC_ ND	—	用户可以复制、发行、展览、表演、放映、广播或通过信息网络传播此作品，但必须按照作者或许可人指定的方式对作品进行**署名**，并且**不得为商业目的而使用**本作品，也**不得改变、转变或变更**本作品

　　知识共享许可协议（Creative Commons License，简称CC协议）是在2002年由知识共享组织发布的针对网站、学术、音乐、电影、摄影、文学和教材等内容开放共享的著作权协议❶。CC协议先后有4个版本，CC 4.0于2013年公布为最新版本，在国际范围内通用。CC协议有"署名"（Attribution，即使用者可以复制、发行、展览、表演、放映、广播或通过网络传播该作品，但必须按照作者或者许可人指定的方式对该作品署名）、"非商业性使用"（Non Commercial，即使用者可以自由复制、散布、展示及演出该作品，但不得为商业目的使用作

----

　　❶ "保留部分权利"：构建合理的著作权层次. http://creativecommons.net.cn/about/history/.

品）、"禁止演绎"（No Derivs，即使用者可以自由复制、散布、展示及演出该作品，但不得对作品做出改变、转变或更改）和"相同方式共享"（Share Alike，即使用者要想发布以该作品为基础创作的衍生作品，必须遵守与该作品相同的授权条款）4 个要素。CC 协议以其模块化和灵活性的授权特点，成为目前开放获取运动中最受欢迎的开放版权许可协议。根据《知识共享组织 2015 年度共享状况报告》统计，2015 年有超过 10 亿件作品采用 CC 协议共享，并且 CC 协议被译为 34 种语言应用在共享活动中，在过去 10 年中 CC 协议作品获得了超过 9000 万次的阅览量❶。

在 CC 2.0 以后的版本中，"署名"被规定为默认选项。由于"相同方式共享"和"禁止演绎"是相互矛盾的，所以两项要素不能同时出现在同一协议中，因此有 6 种核心 CC 协议模式组成 CC_BY 协议，包括："署名—非商业性使用—禁止演绎（BY_ NC_ ND）""署名—非商业性使用—相同方式共享（BY_ NC_ SA）""署名—非商业性使用

---

❶ Creative Commons' 2015 State of the Commons report. https://stateof. creative-commons.org/2015/，2015-12-25.

（BY_ NC）""署名—禁止演绎（BY_ ND）""署名—相同方式共享（BY_ SA）""署名（BY）"❶。根据知识共享组织 2015 年的最新统计，采用 CC 所有系列许可协议的作品占比如下表所示❷：

2015 年采用 CC 所有系列协议作品占比

许可协议类型	使用作品占比
CC0：公共领域授权+失去版权保护的公共领域工具	3%
CC 署名（CC_ BY）	24%
CC 署名+相同方式共享（CC_ BY_ SA）	37%
CC 署名+禁止演绎（CC_ BY_ ND）	2%
CC 署名+非商业性使用（CC_ BY_ NC）	6%
CC 署名+非商业性使用+相同方式共享（CC_ BY_ NC_ SA）	14%
CC 署名+非商业性使用+禁止演绎（CC_ BY_ NC_ ND）	14%

知识共享公共领域许可协议（简称 CC Zero/CC 0 协议）是作者放弃版权的一种声明。作品一旦采用 CC 0 协议，即进入公共领域，社会公众可

---

❶ Attribution 3.0 Unported（CC BY 3.0）. http://creativecommons.org/licenses/by/3.0/，2015-03-05.

❷ Creative Commons' 2015 State of the Commons report. https://stateof.creativecommons.org/2015/，2015-12-25.

以以任何方式、出于任何目的免费使用该作品❶。
CC 0 协议的存在是因为很多法律体系中对如何将
作品投入公共领域没有规定。但有些法律体系禁止
放弃版权之类的法律权利❷。2015 年，采用 CC 0
协议的作品高达 2230 万部❸。

　　知识共享附条件许可协议（简称 CC Plus/CC+
协议）允许作者根据实际需求，在 CC 协议之外再
加设其他限制条件的许可协议。在 CC 协议基础上
附加的一般是能给作者带来经济收益或其他额外权
益的商业性协议❹。

　　公共领域协议（Public Domain License，简称
PDL）与CC 0协议类似，即作者不保留任何权利，
将作品投入公共领域。与 CC 0 协议的区别在于，
该协议主要针对年代久远的、丧失版权的作品❺。

---

❶ CC0 1.0 Universal（CC0 1.0）. http://creativecommons. org/publicdomain/zero/1.0/，2015−03−08.

❷ David Bushell,"Understanding Copyright And Licenses". http://www.smashingmagazine.com/2011/06/14/understanding−copyright−and−licenses/，2015−03−05.

❸ Creative Commons' 2015 State of the Commons report. https://stateof.creativecommons.org/2015/，2015−12−25.

❹ CC Plus. http://wiki.creativecommons.org/CCPlus，2015−03−05.

❺ Public Domain Dedication. http://creativecommons. org/publicdomain/zero/1.0/，2015−03−06.

制定该协议的目的在于，使古老的作品更容易被人们发现，从而获得更广泛的利用。

建国者著作权协议（Founder's Copyright License，简称 FCL）规定，采用该协议的作者享有的版权保护期限为 14 年或 28 年，而不是版权法规定的作者有生之年及死后 70 年。

还有一些已经宣布废止的 CC 协议，例如特别取样授权协议（Sampling Plus License）、非商业特别取样授权（Noncommercial Sampling Plus）、发展中国家的授权（Developing Nations License）等协议。

二、数字同行出版许可协议/DPPL

数字同行出版许可协议（Digital Peer Publishing License，简称 DPPL）主要适用于学术内容，包括事实（authenticity）、引用、参考文献资料、元数据等方面，在该协议下永久免费开放访问，不禁止商业利用。DPPL 由三种协议组成：数字同行出版许可协议、模块数字同行出版许可协议（The modular Digital Peer Publishing License，简称

m-DPPL）和自由数字同行出版许可协议（The
free Digital Peer Publishing License，简称 f-DPPL）。
DPPL 只适合应用于数字形式内容的管理，允许作
者保留作品其他版本的所有权利。作者可以根据需
要，将作品的印刷版以不同的协议授权给他人使
用；m-DPPL 规定使用者只能对作者明确标明允许
修改的部分进行修改；f-DPPL 允许使用者在协议
规定范围内做任何修改❶。

三、反数字版权管理许可协议

数字版权管理技术指作者用来控制作品利用的
技术措施，例如数字水印技术、数字签名和数据加
密等❷。反数字版权管理许可协议（Against Digital
Rights Management License）仅适用于音乐、舞蹈、
美术等艺术内容，可以是书面作品，也可以是口头

❶ Digital Peer Publishing License. http://www.dipp.nrw.de/lizenzen/dppl/index_
html?set_ language=en&cl=en，2015-03-08.

❷ 数字版权管理技术通过对信息进行描述、识别、交易、保护、监控和跟
踪，从而使信息从创造、发布、利用的整个传播过程都处于被保护状态，保护相
关权利人的利益。化宇鹏. 移动网络环境中的数字版权管理技术研究［D］. 北京
邮电大学硕士学位论文，2007：4.

作品。它有两个重要条款：一是授权他人行使相关
权；二是反对使用数字版权管理技术（No DRM）。
一旦有人在作品中使用数字著作权加密保护技术、
设备或原件，该协议自动失效❶。

四、自由艺术许可协议/FAL

自由艺术许可协议（Free Art License，简称
FAL）适用于任何文本、图片、声音、动作等内
容，实体或电子格式均可。使用者在不侵犯作者权
利的前提下可以自由复制、修改、传播。该协议最
大的特点在于，允许被许可人在发布演绎作品时收
费，但仍需以开放形式共享❷。

五、设计科学许可协议/DSL

设计科学许可协议（Design Science License，
简称 DSL）由主要适用于文本、图片、音乐等内

---

❶ Against DRM 2.0. http://www.freecreations.org/Against_ DRM2.html，2015-03-08.

❷ Free art license 1.3. http://artlibre.org/license/lal/en，2015-03-05.

容。DSL 与 CC BY-SA 规定类似，作者授权他人复制、修改、发布作品，但演绎作品需以相同的方式共享并按指定方式署名，同时公布所有源数据。需要注意的是，演绎作品的署名必须有别于原作品，以防发生混淆❶。

六、创作档案许可协议/CAL

创作档案许可协议（Creative Archive License，简称 CAL）是由英国广播公司（简称 BBC）等四家机构联合提供的适用于图片、音频和视频等内容的许可协议❷。该协议的特别之处在于，第一，仅限英国境内适用；第二，以附件的形式对协议正文中规定的"非商业性使用包括个人使用和教育机构内教育目的使用"中所提到的"教育机构"进行了具体说明❸。

---

❶　Design science license. http://www.gnu.org/licenses/dsl.html，2015-03-08.

❷　Free ar BBC creative archive license group. http://www.bbc.co.uk/creativearchive/cal_ group/index.shtml，2015-03-09.

❸　The license. http://www. bbc. co. uk/creativearchive/license/index. shtml，2015-03-09.

七、开放游戏许可协议

开放游戏许可协议（Open Game License），游戏开发者可以使用该协议授权他人自由使用、修改、复制和发布开放游戏的内容设计，特别是游戏机制。这种使用是无期限限制的、全球范围的、无偿的和非独占性的，但前提是非商业性使用。如果要进行商业化利用，使用者必须与作者签订许可协议❶。

如果要为音乐内容选择许可协议，可以选择开放音乐许可协议（Open Music Licenses）、EFF 开放音频许可协议（Electronic Frontier Foundation Open Audio License）、Ethymonics 自由音乐许可协议（Ethymonics Free Music License）等。

---

❶ Open game license. http://en. wikipedia. org/wiki/Open ＿ Game ＿ License, 2015-03-05.

第二节　主要适用于软件的许可协议

计算机软件包括计算机程序及与程序有关的文档❶。文档其实纯粹属于文字资料和图标，早已落入版权保护范围。所以我国专门立法保护的"计算机软件"其实仅仅是计算机程序。TRIPs 协议第 10 条规定，计算机程序的源代码和目标代码，均应依据《伯尔尼公约》作为文字作品受到保护。我国 1990 年著作权法将计算机软件作为一类作品单独列出，现行《著作权法》第 3 条规定，软件是作品的一种形式，受著作权法保护。当今世界上大多数国家和国际公约选择用版权法保护软件。但计算机程序具有复杂性和多面性，并且版权法保护

---

❶　1991 年 6 月国务院发布的《计算机软件保护条例》第 3 条规定，（一）计算机程序指为了得到某种结果而可以由计算机等具有信息处理能力的装置执行的代码化指令序列，或者可被自动转换成代码化指令序列的符号化指令序列或者符号化语句序列。（二）文档指用自然语言或者形式化语言所编写的文字资料和图表，用来描述程序的内容、组成、设计、功能规格、开发情况、测试结果及使用方法，如程序设计说明书、流程图、用户手册等。

的只是作品中思想的表达，所以对软件的版权保护
范围不能扩大到研发软件时所用到的思想、算法、
原理、概念等运行方法和处理过程。

开放获取运动起源于软件领域，开源软件（Open
Source Software）是最早适用开放版权许可协议的一
类作品。根据开源运动的首创组织——开放源码促进
会（Open Source Initiative，简称 OSI）的定义，开源
软件指社会公众自由地获取、演绎、发布源代码的软
件❶。适用开源软件的开放版权许可协议有很多❷，
但经过 OSI 通过批准的只有 58 种❸，本文主要介绍
其中常用的几种协议。

---

❶　张韬略. 开源软件的知识产权问题研究——制度诱因、规则架构及理论反
思［G］//张平. 网络法律评论. 第 5 卷. 北京：北京大学出版社，2004：3-13.

❷　Licenses by Name. http://www. opensource. org/licenses/alphabetical，2015 -
03-08.

❸　OSI 是一个旨在推动开源软件发展的非营利组织，最重要的职能是保持标
准的开源软件定义，开展开源软件认证活动。任何单位或个人都可以就自己的软件
的开放版权许可协议，向 OSI 提出加入 OSI 开源软件许可协议体系的申请，OSI 通
过审查，如果许可协议的发布规则符合开源软件的标准，那么该许可证将获得 OSI
的认证，并获得 OSI 持有的 "Open Source Initiative Approved" 商标许可。以该许可
协议发布的软件可以加注这一商标，商标是一种证明商标，在整个软件行业尤其是
开源软件界具有极高的公信力。并非未经过 OSI 认证的许可协议就不是开源许可协
议，只是经过认证的许可协议更带有官方色彩。OSI 对于开源软件的纯粹性保持发
挥了重大作用。杨彬. 开源软件许可证研究［D］. 山东大学硕士学位论文，2008：7.

一、GNU 计划许可协议

1983 年 9 月 27 日，美国人理查德·斯托曼公开发起 GNU 计划，旨在建立一套自由的计算机操作系统❶。所有 GNU 软件都有一个授权所有权利给社会公众的协议条款，以保证 GNU 软件可以被任何人自由地使用、复制、修改和发布。GNU 计划先后发布以下三种协议。

GNU 通用公共许可协议（GNU General Public License，简称 GPL）是开源软件使用最多的许可协议。它允许任何人以任何目的复制、修改和发布自由软件，但使用者必须公开全部可读的源代码，并采用相同共享方式发布演绎作品，不能添加任何限制性条款或将其变为闭源软件。如果基于原程序的程序版本获得了专利授权，那么专利权人所获得的专利权将会自动扩展到所有本程序的创作者。

GNU 较宽松公共许可协议（GNU Lesser General Public License，简称 LGPL）主要适用于网络图书馆，旧称 GNU 库通用公共许可协议（GNU Library

---

❶ GNU Operating System. http://www.gnu.org/，2015-03-22.

General Public License）。由于 GPL 要求调用它数据库的代码也必须采用 GPL 全部开放并一同发布，因此很难被商业软件应用，所以 GNU 推出了 LGPL 许可协议。LGPL 也要求相同方式发布，但允许代码被商业软件作为类库引用并发布、销售❶。

GNU 自由文档许可协议（GNU Free Documentation License，简称 FDL）最初主要用于开源软件的使用者手册、操作手册和说明书等文件和任何文字作品，❷ FDL 允许作品被用于商业目的，并可演绎发布来获取经济利益，但演绎作品也必须采用 FDL 发布❸。

二、BSD 许可协议

BSD 许可协议源自加州大学伯克利分校

---

❶ Promouvoir et défendre le logiciel libre. http://gnu.april.org/licenses/lgpl.html，2015-03-08.

❷ 秦珂. 开放获取著作权管理的特点分析［J］. 情报理论与实践，2006（4）：409-412.

❸ 阮一峰：Copyleft 和 GFDL 许可协议［EB/OL］.［2015-03-06］. http://www.ruanyifeng.com/blog/2008/04/copyleft_ and_ gfdl.html.

（Berkeley Software Distribution，简称 BSD），它允许修改后的开源软件自由选择许可协议发布，包括变为封闭软件。新 BSD 许可协议中规定，禁止在演绎作品的宣传中使用原作者的姓名，除非获得原作者许可。此外，还有一种 FreeBSD 许可协议，它不包含上述禁止宣传条款，但声明演绎作品受到的评价与作品原作者无关❶。

三、MIT 许可协议

MIT 许可协议源自麻省理工学院（Massach-usetts Institute of Technology，简称 MIT），又称"X条款"（X License）或"XII条款"（XII License）。以 MIT 许可协议发布的所有作品，社会公众可以出于任何目的地自由使用、复制、修改、合并版本，甚至可以修改许可协议、出售软件。即使用者可以把 MIT 许可协议授权下的开源软件合法转为闭源软件。

---

❶　The 4.4 BSD Copyright. http://www.freebsd.org/copyright/license.html，2015-03-06.

四、Apache 许可协议

Apache 许可协议和 BSD、MIT 类似，鼓励共享源代码和尊重作者版权，允许代码被修改，不要求演绎作品适用相同许可协议。但以 Apache 许可协议授权的作品，必须保留全部原始版权信息和商业标志。如果对作品有所修改，传播修改后的作品必须附上修改声明。需要特别注意的是，每次修改作品都应当保留之前的每次修改声明。

五、Mozilla 公共许可协议/MPL

Mozilla 公共许可协议（Mozilla Public License，简称为 MPL）是美国网景公司的摩斯拉（Mozilla）小组为开源软件项目所设计的开放版权许可协议。MPL 既不像 MIT 许可协议和 BSD 许可协议那样允许演绎作品完全转化为私有，也不像 GPL 那样要求全部演绎作品必须保持以 GPL 相同方式共享。MPL 不仅保证了开源软件中核心文件的开源，又允许演绎作品中保留私有模块，该协议激励了不少商业性组织参与开发核心软件❶。

第三节 主要适用于数据的许可协议

从广义上讲，数据指任何以数字化形式存储的内容，包括文本、图像、视频、音频、动画、数字、算法、软件、模型等❷。单独数据本身不受版权法保护，但经过独创性的汇编整理，可以成为受版权法保护的数据库作品❸。目前数据开发获取领域中主要适用以下许可协议。

一、开放数据共用协议

开放数据共用（Open Data Commons，简称

---

❶ Mozilla Public License. https://www.mozilla.org/MPL/，2015-03-06.

❷ 傅小锋，李俊，黎建辉.国际科学数据的发展与共享［J］.中国基础科学，2009（2）：30-35.

❸ TRIPs 协议第 10 条第 2 款规定，数据或其他材料的汇编，无论采用机器可读形式还是其他形式，只要其内容的选择或安排构成智力创作，即应予以保护。这类不延及数据或材料本身的保护，不得损害数据或材料本身已有的版权。李顺德.TRIPs 与我国的知识产权法律制度［N］.国际商报，2001-08-12（6）.

ODC）是一种开放数据的版权协议，由开放知识基金会（Open Knowledge Foundation，简称 OKF）制定，旨在明确、约束、规范数据贡献者和使用者在获取、传播、利用、再生产数据时的权利与义务❶。ODC 的管理只针对数据库本身的权利，不涉及数据库中的内容❷。目前主要有以下三种协议。

公共领域的贡献和许可协议（Public Domain Dedication and License，简称 PDDL）允许使用者自由复制、修改数据，但仍需采用 PPDL 发布，保持数据的共享状态❸。

开放数据库许可协议（Open Database License，简称 ODbL）允许使用者无偿复制、修改和发布数据，但必须以相同的方式共享修改后的数据，并且署名，即用 CC BY-SA 的模式来设定数据库的权利。与 CC 协议相比，ODbL 在数据版权、数据库归属和适用范围上作出了具体限定，更具有适应性

---

❶ 张春景，刘炜，夏翠娟，赵亮. 关联数据开放应用协议 [J]. 中国图书馆学报，2012（1）：43-48.

❷ 李佳佳. 国外开放数据许可及相关机制研究 [J]. 理论与探索，2010（8）：20-28.

❸ Open Database License（ODbL）v1.0. http://opendatacommons.org/licenses/odbl/1.0/，2015-03-06.

和可操作性❶。

开放数据共享署名许可协议（Open Data Commons Attribution License，简称 ODC-BY）仅适用于数据库权利，要求与 CC BY 类似，区别在于 ODC-BY 明确规定了数据库和数据的署名问题。

二、科学共享开放获取数据协议

科学共享开放获取数据协议（Science Commons Protocol for Implementing Open Access Data）是知识共享组织为打破出版商对数据信息资源利用的垄断，于 2005 年成立 Science Commons（简称 SC）分支机构所发布的适用于任何形式的数据库和数据成果的许可协议。SC 把开放共享的范围由文本、音乐、影像、网站扩大到更复杂的学术出版领域，工作重点集中在出版、授权和数据三个领域❷。

---

❶ 开源 GIS 实验田 思维记录［EB/OL］.［2015-03-06］. http://www.gaoang.com/archives/category/think/.

❷ Protocol for Implementing Open Access Data. http://sciencecommons.org/projects/publishing/open-access-data-protocol/，2015-03-06.

三、开放政府许可协议/OGL

开放政府许可协议（Open Government License，简称 OGL）由英国政府于 2010 年 9 月发布，主要适用于政府和公共部门拥有的数据，特别是源代码和原始数据信息，使用范围仅限于英国境内。该协议类似于 CC BY 协议，允许对作品进行商业性使用和演绎，但禁止利用以下几种信息：（1）私人信息；（2）未发布的信息，但立法允许的信息除外；（3）公共部门的标志、徽章等，但将公共部门的标志、徽章作为一个文件或数据库组成部分的情况除外；（4）军事徽章；（5）身份证明文件；（6）含未经授权的专利、商标、外观设计权、第三方版权等权利的信息❶。

四、限制许可协议/RL

限制许可协议（Restrictive License，简称 RL）

---

❶　How to license research data. http://www.dcc.ac.uk/resources/how-guides/license-research-data#fn18x0，2015-03-05.

是澳大利亚政府开放获取及许可框架（Australian
Governments Open Access and Licensing Framework，
简称 AusGOAL）下的第七项许可协议❶，前六项为
知识共享许可协议。该协议适用于许可包含机密信
息或个人信息的数据，也可用于许可有一定条件限
制的数据。例如数据贡献者可以通过限制许可协议
对数据的利用期限、费用收取❷、适用地理范围设
置限定条件❸。

五、Talis 关联协议

Talis 关联协议（Talis Community License）是
Talis 公司发布的一种旨在直接支持公共领域关联
数据发布和重用的许可协议。Talis 关联协议其实
是对 PDDL 或 CC 0 的一种应用，所有进入 Talis 平

---

❶　AusGOAL Restrictive License template，URL. http://www.ausgoal.gov.au/re-
strictive-license-template.

❷　白献阳，安小米. 国外政府信息资源再利用许可使用模式研究［J］. 情
报资料工作，2013（1）：72-75.

❸　AusGOAL.（2011，May）. Australian Governments Open Access and Licensing
Framework.（2011，May）. Retrieved from Australian National Data Service website：
http://www.ands.org.au/guides/ausgoal-awareness.html，2015-03-06.

台的数据都必须遵守 PDDL 或者 CC 0，数据贡献
者可以免费将数据发布在 Talis 平台上，所有访问
者均可无偿享受 Talis 平台的数据服务❶。

第四节　国外最新开放版权
许可协议应用实践

图书馆等信息管理机构在科学成果与信息管理
方面具有得天独厚的优势，能够参与到整个信息资
源的生命周期，是开放获取的主要倡导者，也是开
放版权许可协议的制定者和应用者。目前，国外信
息管理机构开放获取的重点正在从内容管理向科学
数据管理转移❷，构建了一些适合科学数据管理的

---

❶　The Talis Community License（draft）. http://www.talis.com/tdn/tcl，2015-03-06.

❷　科学数据的来源主要包括两种：一是国家科技计划项目实施和科技工作
者在各类科学研究与实践过程中通过实验、观察、调查等产生的科研数据；二是
政府部门长期采集和管理的业务数据。科学数据管理即是对这两类数据进行有效
的管理，并促进其广泛共享，使之价值最大化。司莉，邢文明. 国外科学数据管
理与共享政策调查及对我国的启示［J］. 情报资料工作，2013（1）：61-66.

开放版权许可协议应用模式❶。科学数据是指科技活动中产生的原始基础数据和处理加工后的信息❷，蕴含了巨大的学术、经济、社会价值，已引起世界各国广泛关注。我国图书馆界也考虑到了科学数据开放获取的重要性，近年来一些学者做了相关理论研究❸。图书馆对科学数据的管理一般分为存储、处理、发布、重用四个阶段，目前我国图书馆对于科学数据的管理正处于存储阶段❹，即根据数据本身采用的开放版权许可协议进行存储，尚无公开发布实践和规范的协议应用模式。科学数据的

---

❶ Alex Ball: How to License Research Data. http://www.dcc.ac.uk/resources/how-guides/license-research-data#fn17x0，2014−07−17/2015−03−24.

❷ 陈传夫. 中国科学数据公共获取机制特点、障碍与优化的建议［J］. 中国软科学，2004（2）：8−13.

❸ 顾立平. 科学数据权益分析的基本框架［J］. 图书情报知识，2014（1）：34−51.

司莉，辛娟娟. 科学数据共享中的利益平衡机制研究［J］. 图书馆学研究，2015（1）：13−16.

杨冠灿，芦昆. 科学数据管理：保障数据质量，促进 iSchools 新科学研究［J］. 图书情报知识，2013（4）：4−9.

傅小锋，李俊，黎建辉. 国际科学数据的发展与共享［J］. 中国基础科学，2009（2）：30−35.

❹ 顾立平. 科学数据权益分析的基本框架［J］. 图书情报知识，2014（1）：34−51.

处理和发布作为科学数据管理的重要环节，对数据的传播共享意义重大，了解国外最新科学数据管理采用的许可模式，可以为我国科学数据管理的进一步发展提供参考依据。

一、英国预设开放版权许可协议
(Prepared licenses)

预设开放版权许可协议指有些信息管理机构预先设定许可协议，并要求数据存储者必须遵守。因此，数据存储者在选择授权模式时应首先考虑该机构有无预设开放版权许可协议。

英国洛桑研究所（Rothamsted Research）准备了多种适用于科学数据开放存储阶段的预设开放版权许可协议。一方面，协议允许他人在研究中使用自己的科学数据，但禁止只是进行简单的解释说明❶；另一方面，协议对跨国芸薹属植物基因组计划（Multinational Brassica Genome Project）中涉及

---

❶ Rothamsted Research Website. http://www.rothamsted.ac.uk/，2015-03-24.

公共领域基因组序列的数据予以保留❶。英国数据档案馆（UK Data Archive，简称 UDA）也预设了类似的预设许可协议，协议中明确规定了数据存储者与档案馆双方的权利和义务，档案馆有权对数据进行管理❷，并保证数据在不同类型的许可协议下（例如 OGL、CC BY-SA 、CC BY-NC-SA 等）都能共享使用。同样，英国考古学数据服务中心（Archaeology Data Service，简称 ADS）也要求数据存储者签署一份开放存储许可协议❸，协议规定数据存储者和使用者在利用 ADS 管理的数据时，不仅要遵守许可协议，还要遵循公共访问协议❹。UKDA 和 ADS 的预设开放版权许可协议都是非独占性的，数据存储者还可以自己管理数据副本，也可以使用其他不同的许可协议传播数据。

---

❶　Multinational Brassica Genome Project Website. http://www. brassica. info/，2015-03-24.

❷　License Agreement. http://ukdataservice.ac.uk/media/28102/licenseform.pdf，2015-03-24.

❸　ADS deposit license. http://www.ahds.ac.uk/documents/ahds-archaeology-license-form.doc，2015-03-24.

❹　The Terms of Use and Access to ADS Resources. （n. d. ）. http://archaeology-dataservice.ac.uk/advice/termsOfUseAndAccess, 2015-03-24.

二、澳大利亚定制开放版权许可协议

（Bespoke licenses）

对于极具商业价值的科学数据，或需要明确数据存储者与使用者之间的责任关系时，需要制定一个更为适合、具体的开放版权许可协议❶。定制开放版权许可协议根据数据贡献者自主程度的不同，可分为半定制开放版权许可协议（或称模板定制开放版权许可协议）和完全定制开放版权许可协议。半定制开放版权许可协议指数据贡献者选择数据管理机构提供的预设开放版权许可协议之后，再根据实际需要附加一些版权权利要素，共同构成定制开放版权许可协议；完全定制开放版权许可协议是数据贡献者根据自己的意愿，自主制定适合的许可协议。

澳大利亚昆士兰政府信息许可框架（Queensland's Government Information Licensing Framework，简称 GILF）是典型的半定制开放版权许可协议，后被

---

❶ Blanco, E. （2012, Sept. 9）. Dual-licensing as a business model. http://osswatch.ac.uk/resources/duallicense2, 2015-03-08.

AusGOAL 适用于政府信息数据管理，目前适用范围
已延伸到科研部门的数据管理。AusGOAL 制定了一
种五步审查规则，要求数据贡献者根据审查所得的
实际情况，从该框架下的七种许可协议中选取较为
合适的一种。其中第七项限制许可协议规定，数据
贡献者必须允许使用者自由复制、发布数据，同时
也可以自己附加一些其他版权权利要素（如使用期
限）共同构成一个定制开放版权许可协议，其模板
为：必选要素加自选要素。此外，英国爱丁堡大学
的爱丁堡研究与创新部门编写了两个完全定制开放
版权许可协议❶，适用于增强多方合作项目会议论
文的发布（Augmented Multi-Party Interaction，简称
AMI）。其中一个协议允许免费、非商业使用❷，
另一个允许收费、商业使用。

❶ AMI Meeting Corpus Website. http://groups. inf. ed. ac. uk/ami/corpus/，2015-03-25.

❷ The AMI Meeting Corpus License is similar but not identical to the Creative Commons BY-NC-SA 2.0 License. http://groups. inf. ed. ac. uk/ami/corpus/license. shtml，2015-03-25.

第三章 CHAPTER 3
开放版权许可协议中主要包含的版权权利要素梳理

版权是一个权利束。权利束是一个总量的概念，即版权是由许多权利要素构成的❶。因为开放版权许可协议是建立在版权法基础之上的，所以其条款中包含了很多版权法规定的权利要素，简称版权权利要素。笔者通过对常见开放版权许可协议的分类，梳理出以下几项重要的版权权利要素予以剖析，以更深入把握开放版权许可协议与版权法的关系。

---

❶ 卢现祥. 新制度经济学［M］. 第 2 版 . 武汉：武汉大学出版社，2011：307.

第一节　署名权

一、定义及内容

署名权是作者精神权利的核心之一，指作者在自己创作的作品上署名，宣告自己与特定作品之间自然关系的权利❶。在《伯尔尼公约》第 6 条之 2 第 1 款中，署名权被表述为"表明作者身份权"。其内容一般包括以下几项：（1）作者有权要求确认自己的作者身份；（2）作者有权决定在作品上署名的方式，如是否署名，署真名还是署假名，或者是使用其他符号、标识等；（3）作者有权禁止他人在自己作品上署名；（4）作者有权禁止自己的名字被署在非其创作的作品上，即禁止冒名；（5）他人在使用作者作品时，应当明确署上作者的姓名，但由于作品使用方式特殊无法指明或当事人另有约定的除外。我国著作权法也赋予了表演者

❶ 李明德．知识产权法［M］．北京：社会科学文献出版社，2007：95.

表明身份的权利，这是邻接权主体中唯一享有署名权的主体。

二、权利正当性

署名权不同于姓名权，其只负责标识某一个或某几个法律主体与作品之间的表面联系。因为几乎所有的大陆法系国家都规定，在无可靠相反证据的情况下，在作品上署名的人可以被推定为作者[1]，所以在作品上署名的人并不一定是作者。但精神权利是作者的专有权利，不可剥夺，不可转让。因为作品中体现出的是作者特定的精神或人格，即使转让给他人，该作品所体现的精神或人格仍然属于创作作品的作者，不可能变成受让人[2]。

版权法并不过问作品上有关作者署名的真实性和可靠性，那是什么促使作者在作品上署名呢？纽约大学法学院 Benkler 教授曾指出，激励人们做出行动的因素主要有三个方面：一是金钱收益（mo-

---

[1]　唐广良.知识产权反观、妄议与臆测［M］.北京：知识产权出版社，2013：260.

[2]　李明德.我国《著作权法》的第三次修改与建议［J］.知识产权，2012（5）：19-25.

netary rewards，简称 M ）；二是快乐收益（hedo-nistic rewards，简称 H ），它和人的主观感受相关；三是社会心理收益（social psychological rewards，简称 SP），它和人们对社会做出的贡献能否获得认可相关。他提出了行为激励机制公式：$R = M + H + SP$。Benkler 教授认为，人类在理性状态下决定是否做出一个行为时，应当考虑的是 R 的整体价值，而不单单是衡量 M、H 或 SP 其中某一个因素的价值❶。M 可以看作版权中的经济权利，H 和 SP 可以看作精神权利，这个公式对于我们研究署名权这一核心精神权利在开放获取版权许可协议中所扮演的角色有重要意义。

三、开放版权许可协议中的署名权

在传统的版权许可合同中，署名一般是必选条款。无论出版商是出于借助作者名气拓展销路，或是责任承担的考虑，作者往往被要求在作品上署名。在开放版权许可协议中，作者可以自由选择是

---

❶ Yochai Benkler. "Coase's Penguin, or Linux and the Nature of the Firm". *The Yale Law Journal*, 2002, vol. 3, pp. 376-377.

否署名。

以适用最广泛的 CC 协议为例，知识共享组织 2012 年发布的 CC 3.0 版本最明显的变动是将"署名"改为默认选项，原因是在开放获取实践中，绝大部分作者都选择了保留署名权。由此可见，对作者署名权的保护将对 Benkler 公式中的快乐收益或社会心理收益产生积极的影响。在开放获取环境中，每位创作者都能通过行使署名权将自己与他们的智力劳动成果联系起来。在网络虚拟社区中，每分每秒都会有成千上万的人在复制、修改、演绎他们的作品，一方面署名有利于提高作者的社会地位和声誉评价，使作者感受到被社会认可肯定的心理快乐，并转化为再创新再开放获取的原动力；另一方面，由于开放许可协议的免责条款规定，署名有利于督促作者在创作作品时更加谨慎负责，提高作品质量❶。

软件作品曾被认为不涉及署名权问题，即使出现了所谓的署名，很可能是投资者的名称，如微软公司等，而不必是软件编写者的名字。这涉及英美

---

❶　陈一村. 开放源代码软件的著作权保护［J］. 华侨大学学报，2008（2）：68-73.

法系的雇佣作品和我国的职务作品、法人作品、委托作品之间的区别，是一个比较复杂的问题。因为在计算机技术发展的起步阶段，仅靠一两个人的努力是很难完成软件创作的，一般需要以单位或其他组织为后盾，获得资金、高性能计算机、特定资料和技术等物质条件支持，并且由单位或其他组织对创作出的软件作品负责，这就出现了雇佣、委托、职务等关系。英美法系中雇佣作品的版权一般归属于雇主，大陆法系中的版权一般归属于作者（法人作品中将法人视为作者）。但随着计算机水平的提高和互联网应用的普及，个人也可以完全独立开发出一个新的软件，例如越南人 Dong Nguyen 于 2013 年 5 月发布了其独立开发的游戏《flappy bird》，该游戏曾一时风靡全球，下载量突破5 000 万次❶。早在 2004 年，开源操作系统 Linux 的创始人 Linus Torvalds 宣布，对 Linux 操作系统做出贡献软件开发者必须在软件上署名并且担保其原创性，避免 Linux 中出现包含违反版权法的盗窃代码❷。

❶ 李振. 另类思路成就游戏开发师 [J]. 职业, 2014 (13)：2.

❷ Linux 创始人要求软件开发者署名并保证原创. http://www.yesky.com/homepage/219001834121986048/20040527/1801710.shtml，2004-05-27/2015-03-27.

因此开源软件的署名权问题值得关注和思考。客观来讲，作者在自己创作的作品上署名，最大的受益者是社会公众，它能使社会公众迅速知悉谁是对作品负责的人，并能准确地将该负责人的相关作品从大量作品中识别出来❶。

第二节　保护作品完整权和修改权

一、定义及内容

和署名权一样，保护作品完整权也是作者的精神权利，并且是作者依法享有的非常重要的一项精神权利。该权利指作者有权禁止他人对其作品进行有损作者声誉的歪曲、篡改和割裂，既包括改变作品本身，也包括对原作品进行贬抑方式的利用的情形❷。

---

❶ 唐广良. 知识产权反观、妄议与臆测［M］. 北京：知识产权出版社，2013：255.

❷ 李雨峰，王迁，刘有东. 著作权法［M］. 厦门：厦门大学出版社，2006：62.

二、保护作品完整权与修改权的关系

一般认为，从作者的精神权利的角度来看，修改权可以纳入保护作品完整权的范围。2014 年 6 月，国务院法制办公室公布的《著作权法》第三次修订草案送审稿中删除了修改权，其权利内容被纳入保护作品完整权❶。修改权和保护作品完整权可以看作同一权利的正反两面❷。因为，从正的方面来看，作者能够修改自己的作品，使之更好地体现自己的精神或人格的特征；从反的方面来看，作者可以禁止他人歪曲、篡改其作品。

作品是作者精神和人格的产儿，如果任由他人篡改其创作，势必会破坏作者的声望与名誉。但出于利益平衡的考虑，版权法允许他人对作品进行善意的修改，前提是必须保证修改之处在总体上不影响作品的完整性，绝大多数情况下作者都能够接

❶ 国务院法制办公室关于公布《中华人民共和国著作权法（修订草案送审稿）》公开征求意见的通知. http://www.chinalaw.gov.cn/article/cazjgg/201406/20140600396188.shtml，2014-06-06/2015-03-30.

❷ 管育鹰. 知识产权法学的新发展 [M]. 北京：中国社会科学出版社，2013：285.

受，并且未达到损害作者声誉的程度。例如责任编辑对作品进行文字性的修改、删节，以及被许可人将他人作品摄制成电影作品时进行的必要改动等❶。与保护作品完整权相似，我国著作权法还规定了表演者有权保护自己的表演形象不受歪曲。在司法实践中，保护作品完整权与修改权的划分比较模糊，极少会出现只侵犯修改权的案件。事实上，如果作品的修改导致了作者名誉受到损害或精神痛苦，法官可以直接根据保护作品完整权做出判决；如果修改并未导致精神上的损害，则可以根据经济权利中的改编权判决❷。总之，世界上大多数国家的立法和《伯尔尼公约》都未将修改权纳入精神权利的范围。

三、权利正当性

但在传统版权许可合同中，修改权可以起到作

❶ 吴汉东. 知识产权法学 [M]. 第4版. 北京：北京大学出版社，2009：68.

❷ 管育鹰. 知识产权法学的新发展 [M]. 北京：中国社会科学出版社，2013：288.

者的"半个回收作品权"的作用❶。当作品复制发行后，作者就无权将已在市场流通的作品收回予以修改。但如果能够在作品被再次复制前，给作者一个修改的机会，对于作者和社会公众应当都是一件有益之事。不过，再次复制之前的修改对作品的利用者不一定有利，例如会增加出版商的成本。所以赋予作者修改权，让作者有权在特殊情况下修订作品，使其更精准地表达自己的精神人格特征，是有一定必要性的。

四、开放版权许可协议中的保护作品完整权

在开放获取环境中，作者一旦公开发布自己的作品，所有人都有权进行善意的修改，包括作者本人，这是由开放获取的本质决定的。开放获取是为了让社会公众通过网络可以免费获取和利用各类作品，实现信息自由传播，其中唯一的版权限制就是

---

❶ 郑成思. 知识产权文丛 [M]. 第 11 卷. 北京：中国方正出版社，2004：319-321.

保护作品的完整性❶。在当下信息网络技术条件下，保护作品完整权的权利范围和合理使用之间的界限划定显得更加复杂。绝大部分开放版权许可协议中明确规定，该许可协议不影响作者的精神权利和社会公众合理使用的权利，这显然是以版权法为基础做出的规定，要求被许可人必须尊重和维护作者的原旨和感情❷。开放版权许可协议没有将保护作品完整权作为一个可以选择的版权权利要素，而是列为必备条款，这是因为虽然在法律规定上，保护作品完整权表现为对作者利益的维护，但其最终实际效果在于使作品本身的形象和影响得到保持和维护，避免社会公众受到误导❸。

❶　Open Acess 开放获取定义. http://www.oalib.com/html/xwdt10Ajieshao/5776.html，2008-08-08/2015-03-29.

❷　GNU Free Documentation License. http://woodpecker.org.cn/diveintopython/appendix/fdl.html，2015-03-05.

❸　唐广良. 知识产权反观、妄议与臆测 [M]. 北京：知识产权出版社，2013：255.

第三节　复制权

一、定义及内容

复制，又称为重制，是作品利用的最基本方式，因此复制权是版权的最基本内容❶。我国现行《著作权法》第 10 条列举了"复制"的一系列方式，包括印刷、复印、拓印、录音、录像、翻录、翻拍等，并明确规定复制的数量包括一份或多份。事实上，从传统的印刷技术到广播技术，再到现在的数字技术，技术的不断发展使得复制的方式随时可能更新，因此复制权指以任何方式将作品或部分作品再现的权利❷。

---

❶ 彭学龙．技术发展与法律变迁中的复制权 [J]．科技与法律，2006（1）：26-31.

❷ 管育鹰．知识产权法学的新发展 [M]．北京：中国社会科学出版社，2013：300.

二、数字化复制对传统图书馆数字化建设的影响

20世纪90年代以来，随着远程通信技术、网络技术、计算机技术、高密度存储技术的迅速发展和紧密结合❶，传统的纸质图书、期刊等文献逐渐不能满足社会公众对信息的需求。图书馆作为信息存储和传播的中介机构，是连接作品生产创作与传播利用的桥梁，它既向作品提供了更广泛面向社会公众的途径，又为社会公众创造了更多接近版权作品的机会，担负着思想交流与文化传承的职能。为了适应数字时代的发展需要，越来越多的人开始专注于传统图书馆数字化的研究与建设。

数字图书馆指对文本、图片、音频、视频、软件和科学数据等具有较高价值的信息进行收集加工、保存管理、知识增值，提供在远程网上高速横向跨库连接的数字存取服务❷。需要特别指出的

---

❶　肖燕. 网络环境下的著作权与数字图书馆 [M]. 北京：北京图书馆出版社，2002：203.

❷　陶锡良. 数字图书馆职能及相关法律问题初探 [J]. 上海市政法管理干部学院学报，2000（4）：42-47.

是，本文提到的数字图书馆仅指传统的公益性数字图书馆❶，不是以数字技术起家的经营数字图书馆的公司❷，或称数字化信息网络传播商❸。数字图书馆要求信息的收集、整理、存储、发布和传播等各个阶段都要数字化，图书馆要成为一个能够存储大量不同形式电子信息的仓库，社会公众可以在自己选定的时间、地点通过互联网方便快捷地访问、获取这些信息。图书馆数字化建设首先要对馆内原有文献资料进行数字化，即把图书、期刊裁开逐页扫描，把以文字、图像等形式表现的信息从有形载体录入到计算机中，转换为二进制数字编码形式进行存储，使用时再把这些编码形式的信息还原❹。世界知识产权组织（WIPO）在 1996 年通过的

---

❶ 公益性数字图书馆又称非营利性数字图书馆，其运营成本主要来源于国家、政府的财政支持，其设立初衷是向公众提供普遍均等、惠及全民的无差别的信息服务。马海群，等. 面向数字图书馆的著作权制度创新 ［M］. 北京：知识产权出版社，2011：1.

❷ 例如谷歌数字图书馆和我国的超星数字图书馆、书生之家数字图书馆、方正 Apabi 数字图书馆、万方数据中小学数字图书馆等由公司经营的数字图书馆，不在本文探讨范围内。

❸ 周林. 法院终审判决书生公司败诉 ［EB/OL］. ［2015-03-15］. http://www.chinalawedu.com/news/20800/214/2005/6/li89331510441026500235880_ 169544.htm.

❹ 冉从敬，黄海瑛. 著作权合理使用制度的挑战与重构规则初探 ［J］. 知识产权，2003（6）：43-45.

《世界知识产权组织版权条约》（WCT）的议定声明中规定，"《伯尔尼公约》第 9 条规定的复制权及其允许的例外，完全适用于数字环境，特别是对作品的数字化利用形式"。❶ 由此可见，作品数字化已经被国际条约明确规定为复制方式的一种。我国《著作权法》第三次修订草案送审稿中，也将数字化规定为行使复制权的方式之一❷。

　　我国于 2006 年加入 WCT，依据我国《著作权法》第 22 条第 8 款规定，图书馆、档案馆、纪念馆等公共文化机构只能为陈列或保存版本的需要，复制本馆收藏的作品。因此，图书馆要想对作品数字化利用，必须事先获得作者授权❸。上述图书、期刊逐页扫描行为如果涉及出版商的版式设计权，还需要获得出版商的许可。出于对数字图书馆建设和运营过程中存在的作者、作品利用者、社会公众

　❶　WIPO Copyright Treaty. http：//www. wipo. int/treaties/en/text. jsp？file＿ id＝295166，1996-12-20/2015-03-29.

　❷　国务院法制办公室关于公布《中华人民共和国著作权法（修订草案送审稿）》公开征求意见的通知. http：//www. chinalaw. gov. cn/article/cazjgg/201406/20140600396188.shtml，2014-06-06/2015-03-30.

　❸　孙雷. 浅谈图书馆业务所涉及的著作权问题［EB/OL］.［2015-03-24］.http：//www.npc.gov.cn/npc/xinwen/rdlt/fzjs/2010-05/21/content＿ 1574333.htm.

（图书馆的公益性决定了其立场属于社会公众）三方主体利益平衡的考虑，我国《信息网络传播权保护条例》第 7 条做出了版权限制的规定❶。但由于该条款的限定条件过多（详见本章第四节），很难满足图书馆数字化建设的实际需要，除了一些不受著作权法保护和已经进入公有领域的作品外，图书馆仍然亟待处理大量作品的授权问题❷。

我国不少法学界学者提出通过征收补偿金、依托于著作权集体管理组织、增设法定许可等措施作为解决对策。但图书馆界更倾向于选择扩大合理使用范围或者推动开放获取来更快更好地支持数字化建设❸。

---

❶ 《信息网络传播权保护条例》第七条规定："图书馆、档案馆、纪念馆、博物馆、美术馆等可以不经著作权人许可，通过信息网络向本馆馆舍内服务对象提供本馆收藏的合法出版的数字作品和依法为陈列或者保存版本的需要以数字化形式复制的作品，不向其支付报酬，但不得直接或者间接获得经济利益。当事人另有约定的除外。"

❷ 朱秀明. 数字图书馆版权许可制度研究 [D]. 中国政法大学硕士学位论文，2011：10.

❸ 马海群，等. 面向数字图书馆的著作权制度创新 [M]. 北京：知识产权出版社，2011：105-106.

三、开放版权许可协议中的复制权

在开放获取的背景下，复制作为最基础、最原始的作品利用方式，作者出于信息资源自由共享的目的，都选择放弃复制权，允许社会公众自由复制其作品，图书馆也能够更好地发挥信息存储、传播职能。所以开放版权许可协议均将复制权视为作者默认放弃的版权权利要素。

综上，复制在数字信息时代变得越来越简便迅捷，与此相对的是，作者的复制权保护变得越来越困难。其原因主要在于，以复制权为基础构建的传统版权体系不适应信息技术的发展，在数字网络环境中，传统版权体系的技术基础和法律条件似乎已不复存在，因此版权法也就很难再通过调整复制权的效力范围来平衡各方利益。所以我们现在不得不重新审视传统复制的版权模式❶。

此外，我国学界还存在着临时复制、私人复制

---

❶　彭学龙. 技术发展与法律变迁中的复制权［J］. 科技与法律，2006（1）：26-31.

等行为是否属于版权保护范围的争议❶，而上述行为又在网络世界里无时无刻不在发生着。尤其是我国2001年《著作权法》中新增加了"信息网络传播权"，其与复制权的关系也尚在理论探讨之中。因此，版权保护的中心应当由传播权替代复制权，版权保护制度完善的重点也应当随之转换为传播权保护❷。

第四节　演绎权

一、定义及内容

演绎指在原作品的基础上，改变其具体表达方式，进行再度创作产生新作品的行为。演绎作品又称派生作品，它包含演绎者区别于原作品的独创性

---

❶　管育鹰.知识产权法学的新发展［M］.北京：中国社会科学出版社，2013：298.

❷　吕炳斌.数字时代版权保护理念的重构——从以复制权为中心到以传播权为中心［J］.北方法学，2007（6）：127-130.

智力劳动成果，但又未完全改变原作品之思想表达的基本方式，否则就将是另一个原创作品了❶。演绎权指作者许可或禁止他人以自己享有版权的作品为基础，进行再度创作派生新作品的权利。演绎权涵盖了我国现行《著作权法》第 10 条规定的摄制权、改编权、翻译权、汇编权以及第 12 条规定的注释、整理等权利❷。

二、权利正当性

任何演绎行为都应当获得作者的许可，否则将可能侵犯作者的演绎权。演绎权的设立，是版权经济权利扩张史中一个重要的里程碑。使合法产生的演绎作品同样受到版权法保护，一方面增加了作者获得经济收益的机会，能够更大程度上激励作者的

---

❶　沈仁干．郑成思版权文集［M］．第 1 卷．北京：中国人民大学出版社，2008：202.

❷　《著作权法》第 10 条规定：摄制权指以摄制电影或者以类似摄制电影的方法将作品固定在载体上的权利；改编权指改变作品，创作出具有独创性的新作品的权利；翻译权指将作品从一种语言文字转换成另一种语言文字的权利；汇编权指将作品或者作品的片段通过选择或者编排，汇集成新作品的权利。《著作权法》第 12 条规定：改编、翻译、注释、整理已有作品而产生的作品，其著作权由改编、翻译、注释、整理人享有，但行使著作权时不得侵犯原作品的著作权。

创作热情；另一方面也保障了社会公众接触作品的权利❶。

演绎作品在理论研究和司法实践中的难点在于，未经作者许可创作派生的演绎作品是否受版权法保护。我国现行《著作权法》未对这一问题做出直接规定，采取了回避的态度，但在对改编作品、汇编作品的版权归属问题上规定，上述演绎作品的作者在行使权利时，不得侵犯原作品的版权。由此可以推断出，我国承认了未经许可的演绎作品也可以享有版权。因此，演绎作品中至少包含两部作品（原作品和演绎作品）、两位作者（原作者和演绎作者）、两个版权（原作者对原作品的版权和演绎作者对演绎作品中独创性内容的版权）。根据我国《著作权法》的规定，演绎作品的利用者必须获得原作者和演绎作者的双重许可，无形中又增加了图书馆等信息存储、传播机构的负担。

---

❶ 冯晓青. 演绎权之沿革及其理论思考 [J]. 山西师大学报（社会科学版），2007（3）：40-43.

三、开放版权许可协议中的演绎权

演绎权是作者一项重要的经济权利，直接影响演绎作品的创作产生和传播利用。无论是在传统的版权许可合同中还是开放版权许可协议中，演绎权都是作者必须明确选择全部保留、部分保留或者放弃的一项权利要素。如果禁止演绎，则意味着社会公众可以原封不动地复制和传播原作品，但不得以原作品为基础进行改编、汇编、翻译等再创作行为。

开源软件是从自由软件（free software）发展而来的，自 1998 年开源软件的概念在自由软件峰会上被正式提出后，自由软件的概念很少再使用。开源软件与自由软件其实只是表述上的差异，并无实质性差别❶。在开源软件作品中，由于软件自身的特殊性，绝大部分开放版权许可协议要求作者让渡演绎权给社会公众。OSI 认定开源软件的标准之一为：开放版权许可协议中必须规定允许社会公众修改源代码，并且允许在此基础上产生受版权法保

---

❶ 唐广良．计算机软件保护制度存在的问题及其解决［G］//郑成思．知识产权文丛．第 11 卷．中国方正出版社，2004：13．

护的演绎作品❶。一个计算机软件，其程序可以受到版权保护；与硬件结合形成解决问题的技术方案后，可以受到强有力的专利权保护；未披露的算法、程序结构、源代码可以作为商业秘密受反不正当竞争法保护。GNU 计划的创始人理查德·斯托曼对此认为，传统知识产权制度赋予了软件过多垄断性权利，限制了社会公众接触、利用、传播软件作品的自由❷，这种做法是不合理的，软件必须拥有自由。作者让渡演绎权给社会公众，能够使得软件的流传和适用范围更广泛，加强用户间的交流，促进软件的技术水平提高，符合人类的分享精神。

在开放获取环境下，开源软件和传统闭源软件之间最大的区别在于，开源软件允许社会公众自由获取、演绎、发布其源代码，软件处于持续不断的改进状态中；而闭源软件往往是一次开发定型，随后通过发布补丁或升级包进行完善。所以几乎所有的开源软件都是演绎作品，这对版权归属、保护作品完整权以及后续的传播权是一个极大的挑战。

---

❶ The Open Source Definition Version1. 8. http://www.opensource.org/docs/definition.html.

❷ 杨彬. 开源软件许可证研究［D］. 山东大学硕士学位论文，2008：5-6.

第五节　传播权

一、定义及内容

传播权指以表演、广播、交互式传送等各种方式向公众传播作品的权利❶。因此，我国现行《著作权法》第 10 条规定的放映权和广播权可以纳入表演权的范围，而表演权又可以和广播权、信息网络传播权并称为传播权或公共传播权❷。在网络环境中，传播已经取代了复制，成为作品的主要利用方式。其中交互式的信息网络传播权是作者在信息技术时代最重要的经济权利。

---

❶　管育鹰．知识产权法学的新发展［M］．北京：中国社会科学出版社，2013：309.

❷　表演权指现场或者以有线、无线、其他各种手段公开传播作品，使公众可以直接获得作品的权利；广播权指以有线、无线或其他各种手段公开传播作品，使公众可以根据其播放获得作品的权利；信息网络传播权指以有线、无线或其他各种手段公开传播作品，使公众可以在其选定的时间和地点获得作品的权利。梅术文．著作权法上的传播权研究［M］．北京：法律出版社，2012：79-90.

二、传统版权制度中的传播权对数字图书馆建设的限制

无论是在传统版权许可合同中，还是开放版权许可协议中，信息网络传播权都是一项非常重要的权利要素。本文在梳理开放版权许可协议中涉及的复制权要素时已经提到，虽然《信息网络传播权保护条例》第7条规定了图书馆、档案馆、纪念馆等公共文化机构合理使用的版权限制，但设置了很多限定条件，包括：（1）作品种类特定。图书馆等公共文化机构能够用以提供信息服务的作品，或者是已经出版的合法收藏的数字作品，或者是出于陈列、保存版本目的数字化复制的已经损毁或者濒临损毁、丢失或者失窃的作品，或者是存储格式过时并且无法在市场上以合理价格购买的作品；（2）传播途径受控。图书馆等公共文化机构只能通过局域网为馆内读者提供信息服务，禁止将作品上传至网络；（3）获取对象有限。只有身处公共文化机构物理空间内的读者才能通过局域网获取作品；（4）非营利目的。图书馆等公共文化机构不得以任何方式在作品数字化的行为中获取经济

利益。值得注意的是，该条款最后规定"当事人另有约定的除外"，结合第 10 条第 1 款规定❶，图书馆等公共文化机构适用版权例外的情形被分为两种：第一，与作者达成约定，约定优先，不适用版权例外规定；第二，与作者没有或未达成约定，适用版权例外规定，作者单方作出禁止提供的声明无效❷。虽然第二种情形有利于图书馆等公共文化机构通过网络向公众提供其作品，但其限定的范围依然很窄。

数字图书馆是受上述多重限制最明显的机构。《信息网络传播权保护条例》在有限的范围里规定了非常有限的版权例外，即图书馆仅能通过本馆的局域网，向本馆馆内的读者，提供本馆馆内合法收

---

❶ 《信息网络传播权保护条例》第十条规定："依照本条例规定不经著作权人许可、通过信息网络向公众提供其作品的，还应当遵守下列规定：（一）除本条例第六条第（一）项至第（六）项、第七条规定的情形外，不得提供作者事先声明不许提供的作品。"

❷ 张慧霞.《信息网络传播权保护条例》有关图书馆的规定解读［J］. 电子知识产权，2007（1）：36-39.

藏的数字作品和少部分由本馆数字化的作品❶。图书馆数字化建设的目的是让作品获得更广泛的传播，同时为社会公众提供更多获取信息、接触作品的机会。但在实践操作中，对于怎样判断作品是否濒临损毁、如何衡量作品的存储格式是否过时、谁来监督图书馆是否获得了直接或者间接的经济利益等限制条件的认定标准很难确定❷，综上，图书馆信息网络传播权的效力范围被严格束缚在有形的"本馆馆内"❸。

三、开放版权许可协议中的传播权

在开放获取环境下，传播权同复制权一样，是一项要求作者放弃的版权权利要素。但不同的

❶ 表演权指现场或者以有线、无线、其他各种手段公开传播作品，使公众可以直接获得作品的权利；广播权指以有线、无线或其他各种手段公开传播作品，使公众可以根据其播放获得作品的权利；信息网络传播权指以有线、无线或其他各种手段公开传播作品，使公众可以在其选定的时间和地点获得作品的权利。梅术文. 著作权法上的传播权研究［M］. 北京：法律出版社，2012：79-90.

❷ 秦珂.“合理使用权”与"著作权"的冲突及协调——对《信息网络传播权保护条例》第七条中一个特殊问题的分析［J］. 理论与探索，2011（1）：6-8.

❸ 马海群，等. 面向数字图书馆的著作权制度创新［M］. 北京：知识产权出版社，2011：107.

是，由于传播权，特别是信息网络传播权，对作者和社会公众、版权法和开放获取都具有举足轻重的影响，因此不可能放任其被随意行使。所以，作者可以通过开放版权许可协议，一方面放弃传播权，促进作品流通和信息自由；另一方面对社会公众传播作品的目的和方式做出一定的限制。从总体来看，作者是以退为进，利用合同法遵循的契约自由原则，合理分解版权法赋予的垄断性权利，以实现作品传播、资源共享、信息自由的最终目的。开放版权许可协议主要提供以下两项传播权限制供作者自主选择。

（一）传播目的——是否允许商业性使用

在通常情况下，人们的思维习惯是免费获取的不应该被拿去商业利用。在开放获取最初之时，作者们普遍受这一思维习惯影响，在开放版权许可协议中保留了作品商业性使用的传播权利，即作者允许他人复制、演绎、传播自己的智力劳动成果，但禁止商业性使用。

对于"非商业性使用"的认定一直是理论界和司法界无法确定的难题。在德国一例关于 CC 协议中非商业使用条款的判决书里规定，"非商业性使用"仅指私人使用（private uses），排除了图书馆、大学等机构使用的合法性，理由是有些机构在提供开放获取材料时会收取费用❶。在我国也有关于商业网站在网络公开课中植入广告，违反非商业性使用条款的争议。国外很多知名大学的公开课均采用 CC BY-NC-SA 协议发布，由于 CC 协议在全球范围内均适用，所以我国很多视频网站纷纷参与到"免费"传播中。但除了新浪、网易等大型公开课频道外，很多商业网站在公开课播放页面刊播广告，赚取广告费用，甚至成为一种网络盈利模式。知识共享中国大陆项目负责人、中国人民大学法学院王春燕指出，这种行为属于商业性使用，不符合公开课所采用的 CC 协议中禁止商业性使用的规定。也有律师认为，这种在公开课中刊播广告的行为是违法行为，涉嫌侵犯作者的演绎权和保护作品完整权❷。

---

❶ Peter Suber, *Open Access*, Cambridge：MIT Press Essential Knowledge, 2012, p. 7.

❷ 黄超. 陷入版权"雷区"海外公开课中国之路能否走好 [N]. 北京青年报, 2011-11-15 (19).

（二）传播方式——是否要求相同方式共享

以相同方式共享指作者允许社会公众复制、演绎、传播自己的作品，但演绎作品必须采用与原作品相同的开放版权许可协议传播。因此，此处传播方式的限制仅是针对演绎作品，被禁止演绎的作品在传播时，传播者只能原封不动地根据原作品的传播方式共享，无权附加任何限制。所以"禁止演绎"和"以相同方式共享"两项版权权利要素是相互矛盾的。

上文提到，开源软件基本上都是演绎作品，因此作者是否要求以相同方式共享演绎作品，对软件作品的影响很大。例如，GPL、LGPL、FDL等开放版权许可协议都要求以相同方式共享，即修改后的软件也必须公开全部源代码，但不适合商业利用；而 Apache、BSD、MIT 等许可协议允许修改后的软件转为闭源软件。虽然作者不要求以相同方式共享会赋予作品利用者更大的自由，但却可能减少了开源软件演绎的可持续性。

客观来看，在市场经济条件下，开放获取似乎更应着眼于文化传播和商业价值的开发。开放获取并不崇尚反功利主义，相反，它需要根据利益的需要创造更大价值，以激励更多的人能参与到开放获取中来。因此应当鼓励商业利用，扩大文化传播范围，充分提高衍生作品的经济价值❶。但仍需注意通过开放版权许可协议等法律手段保护作品完整性和作者的精神权利。只有这样，才能在法律底线之上畅享信息自由带来的更大收益。

第六节　投放公共领域

投放公共领域即作者放弃版权所有权利，其作品被投放至公共领域，任何人都能够自由利用。例如 CC 0、PDL、PDDL、Talis 关联协议等开放版权许可协议。但有些国家将作者的精神权利视为人身权，据此规定作者不能放弃精神权利，并且不受版权保护期的限制❷。笔者认为，在数字信息时代，

---

❶　Martin Paul Eve. *Open Access and the HumanitiesContexts*, *Controversies and the Future*, Cambridge：Cambridge University Press，2014，p. 107.

❷　杨延超. 作品精神权利论［D］. 西南政法大学博士学位论文，2006：167.

作者的精神权利发挥着维护市场秩序的作用，有利
于保护数字作品的真实性和完整性❶，很难一概而
论作者的精神权利是否应该允许放弃，可以考虑根据
适用对象的不同有所区分。例如，对于属于科学成果
的元数据、政府或公共部门的信息等，可以鼓励权利
人放弃包括精神权利在内的所有版权权利，以让社会
公众获取更多权威信息或科学信息；但对涉及国家安
全、个人隐私的信息，不适合完全开放获取。

第七节　其他版权权利要素及
梳理评析

除上述开放版权许可协议中常见的版权权利要
素外，还有很多其他种类的版权权利要素供作者自
主选择。例如投放公共领域、相关权、专利覆盖、
宣传方式、数字版权利用管理技术、适用地域、附
加条件、收费等。因文章篇幅有限，不再逐一详细

❶　杨延超．数字技术 VS 作者精神权利制度［J］．电子知识产权，2007
（2）：27-35.

介绍。对重点内容的梳理评析详见表 3-1。

表 3-1　开放版权许可协议中的版权权利要素梳理评析

协议名称	简称	主要适用对象	重点版权要素	利弊评析
知识共享署名许可协议	CC BY	内容	署名权	作者可以选择在作品上署名或不署名。署名可以增加作者对作品的责任感和社会公众对作品的辨识度
			演绎权	作者可以选择是否允许他人演绎作品。开放获取环境下，演绎是创新的基础，但禁止损害作者的精神权利
			共享方式	作者可以选择演绎作品的共享方式。大部分作者要求以相同方式共享演绎作品，也有一些开源软件的作者允许他人将改编后的软件转为闭源
			使用目的	作者可以选择作品是否允许被商业化利用。虽然大多数作者习惯性选择禁止商业利用，但在市场经济条件下，开放获取并不反对提高信息的经济价值。开放获取与经济发展是相辅相成的关系
知识共享公共领域许可协议	CC 0	内容数据	公共领域	作者可以放弃版权所有权利，其作品进入公共领域，任何人都可以自由利用。对元数据、政府或公共部门的科学数据可考虑用 CC 0 对涉及国家安全、个人隐私的信息不适合完全开放获取
知识共享附加条件许可协议	CC+	内容	附加条件	作者可以在协议之外附加其他版权限制条款。在开放获取环境下，版权限制越多越不利于信息传播
公共领域协议	PDL	内容	公共领域	同 CC 0

续表

协议名称	简称	主要适用对象	重点版权要素	利弊评析
建国者著作权协议	FCL	内容	权利保护期限	作者可以自主选择版权保护期限。但由于信息更新速度较快，信息越新越具有传播价值，所以开放获取鼓励作者不设或设置较短期限保护
数字同行出版许可协议	DPPL	学术内容	格式区分	作者可以根据作品载体的不同格式（印刷或电子）适用同一协议中的不同授权模式。扩大了协议的适用范围，提高利用率
反数字版权管理许可协议	—	艺术内容	相关权	相关权是著作权法赋予传播者的权利。表演者、录制者等作品传播者也可以成为开放获取中的授权主体
			数字版权管理技术	数字版权管理技术单纯保护作者的利益，与开放版权许可协议不相容。一旦权利人使用数字管理技术，开放版权许可协议立即失效
自由艺术许可协议	FAL	内容	使用收费	作者可以在开放版权许可协议中规定作品价格，向使用者收取一定费用
创作档案许可协议	CAL	内容	适用范围	作者可以选择开放版权许可协议适用的地域范围。但开放获取鼓励作者不设置地域限制，使信息在全球范围内更快捷传播
			附件	作者可以在开放版权许可协议末尾添加附件，用以解释说明协议中某条款的具体内容，更方便社会公众理解
设计科学许可协议	DSL	内容	署名权	同 CC BY

续表

协议名称	简称	主要适用对象	重点版权要素	利弊评析
开放游戏许可协议	—	游戏内容	—	仅适用于游戏内容，适用对象有限
开放音乐许可协议	—	音乐内容	—	仅适用于音乐内容，适用对象有限
通用公共许可协议	GPL	软件	专利覆盖	如果演绎创作的计算机程序获得了专利权，则专利权人所获得的专利权将会自动扩展到所有本程序的创作者
			共享方式	同 CC BY
较宽松公共许可协议	LGPL	软件	使用目的	该协议下的计算机程序源代码可被商业软件引用
自由文档许可协议	FDL	软件	共享方式	同 CC BY
BSD 许可协议	BSD	软件	宣传限制	作者可以选择是否允许在演绎作品的宣传中使用自己姓名，这是对作者精神权利的一种保护
MIT 许可协议	MIT	软件	演绎权	同 CC BY
Apache 许可协议	—	软件	修改声明	作者可以选择演绎作品在传播时是否附加每次修改情况的说明。有利于信息的有序传播
Mozilla 公共许可协议	MPL	软件	核心源代码必须公开，非核心源代码可以私有	作者可以对不同性质的代码进行不同模式的授权，有助于作者和使用者的自主选择、权益平衡
公共领域的贡献和许可协议	PDDL	数据	公共领域	同 CC 0

续表

协议名称	简称	主要适用对象	重点版权要素	利弊评析
开放数据库许可协议	ODbL	数据	共享方式	同 CC BY
开放数据共享署名许可协议	ODC-BY	数据	署名权	同 CC BY
开放政府许可协议	OGL	政府或公共部门数据	公共领域	同 CC 0
Talis 关联协议	—	数据	公共领域	同 CC 0

第四章 CHAPTER 4

开放版权许可协议在开放获取实践中面临的问题——以国科图为例

　　为更深入了解国内开放获取实践中开放版权许可协议存在的问题，笔者访谈了国内开放获取运动的引领者——国科图的科技信息政策中心、资源建设部、信息服务部的相关管理人员。虽然是个案研究，但鉴于国科图在图书情报界的地位和影响，其已经发现并正在考虑的问题，对于未来我国图书馆数字化建设和更好发挥信息存储传播职能有较大影响。

第一节　国科图开放获取实践概述

　　20 世纪 80 年代中期，学术专著、期刊开始以高于通货膨胀 4 倍的速度增长❶。学术专著、期刊

---

❶　王太平，姚鹤徽，韩冰 . 开放获取运动与版权制度的未来模式 [J]. 图书馆，2009（5）：5-7.

迅速上涨的订购价格严重削弱了研究机构、图书
馆、大学和学者的购买力❶。2007 年，爱思唯尔数
据库里的每篇学术论文下载价格为 46 美分，比同
期全球均价低 83%❷。2008 年以来，爱思唯尔提高
了中国订户的学术期刊价格，逐渐降低对中国的折
扣力度，最后与全球定价持平。有学者指出，国际
出版巨头先以超低的价格打入中国市场，培养了国
内学者们的阅读习惯，其中有大部分人已经产生
"外刊依赖"❸，一段时间内不看就难受。2010 年 9
月，国家科技图书文献中心、国家图书馆、中国科
学院国家科学图书馆（2014 年正式确定命名为

---

❶ What Obstacles Limit Access Association of Research Libraries Issues in Scholarly Communication Open Access, http: //www. arl. org/scomm/openaccess/ framing.html, 2015 - 03 - 17.

❷ 据悉，北京大学图书馆 2008 年购买爱思唯尔科技期刊电子数据库的费用为 54 万多美元，2009 年涨到 57 万美元，2010 年是 61 万美元。张国. 科学家与出版界再燃战火 [N]. 中国青年报，2012 - 07 - 06（3）.

❸ 中国 ScienceDirect 全学科订户中有 150 多大学，根据 2007 年费用表显示：北京工业大学 2007 年 82148 美元，2010 年 116160 美元，涨幅 41%；厦门大学 2007 年 78365 美元，2010 年 158075 美元，涨幅 101%；成都理工大学 2007 年 77134 美元，2010 年 157788 美元，涨幅 104%；广东外语外贸大学 2007 年 4598 美元，2010 年涨幅超过 300%，2008 年停订。张国. 部分高校面临学术断粮 [N]. 中国青年报，2008 - 06 - 04（3）.

"中国科学院文献情报中心"❶，但界内习惯简称国科图）等 33 家图书馆联合发布了《致国际出版商的公开信》❷ 和《致中国科技文献读者的公开信》❸。公开信表示，近年来国外科技期刊及其数据库的价格不断上涨，其中有些期刊的价格正在平均以百分之十几的幅度提高，个别甚至出现年度涨幅 20%～30% 的情况，严重威胁到了国内所有教育研究机构的科技文献资源的可持续供应。为此，国内图书馆界将联合起来，共同抵制个别国际出版商"以设定过高价格或删减内容信息等手段，阻碍中国广大用户群体获取和利用国外科技文献"的行为，呼吁在国际出版商学术期刊担任审稿专家、顾问、编委的中国专家学者主动向国际出版商施加压力❹。

　　早在 2004 年，中国科学院就与国家自然科学基金委签署了《柏林宣言》。2007 年，中国科学院

---

❶　中国科学院文献情报中心（国家科学图书馆）历史沿革. http://www.las.cas.cn/gkjj/lsyg/.

❷　致国际出版商的公开信. http://www.clas.ac.cn/xwzx/gzdt/201009/t20100908_ 2952517.html，2010-09-01/2015-03-18.

❸　致中国科技文献读者的公开信. http://www.clas.ac.cn/xwzx/gzdt/201009/t20100908_ 2952520.html，2010-09-01/2015-03-18.

❹　我国 33 家图书馆联合反对个别国际出版商大幅涨价行为. http://www.cas.cn/xw/zyxw/yw/201009/t20100909_ 2957268.shtml，2010-09-09/2015-03-18.

正式在全院研究所建设机构知识库（IR），要求科研人员和研究生将其科学成果存储至本所机构知识库。目前，中国科学院已经有110家研究所启动了机构知识库建设。国科图还发布了《机构知识库内容存缴与传播权益管理指南》，用以指导各个研究所制定具体的开放获取政策。目前，机构知识库已存储科学成果62万份，2014年下载量超过290万篇次。国科图张晓林馆长指出，从中国科学院机构知识库体系现有保存、开放和下载的数量指标来看，其已成为全球科学研究机构中最大的科学成果开放获取平台❶。国科图也在积极推进开放出版，根据中国科学院科技期刊开放获取平台（CAS-OAJ）的统计，该平台收录期刊数量已达642种，论文数量超过141万篇❷。与此同时，北京科技大学、兰州大学、解放军军事医学科学院等机构在国科图的示范效应下也积极投身开放获取运动，筹建机构知识库。2012年，国科图组织了国内首次中国开放获取推介周（China OA Week）❸，在国内科

---

❶ 张巧玲. 打通开放获取"最后一公里" [N]. 中国科学报，2012-12-04（1）.

❷ 中科院科技期刊开放获取平台. http://www.oaj.cas.cn/.

❸ 中国开放获取推介周. http://chinaoaweek.las.ac.cn，2012-09-04/2015-03-15.

技界、学术界、图书馆界引起很大反响。

CAS IR Grid—国际单一科研机构最大IR

CAS IR Grid：建设现状

- 全院共计110家研究所已建立或启动建设IR
- 90多家提供开放服务
- 80多家提供稳定开放浏览和下载服务

- 共计保存科研成果62万份
- 78%含全文,70%全文开放
- 总访问8875.8万次,总下载1138.9万篇次
- 17家进入RWWR排行榜

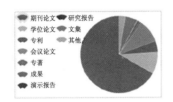
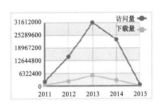

图4-1　国科图开放获取实践成果

图片来源：中国图书馆学会专业图书馆分会、中国科学院文献情报中心科技信息政策中心于2015年4月举办的机构知识库与科学数据管理实务培训班刘巍老师（中国科学院兰州文献情报中心信息专员）授课课件。

第二节　开放版权许可协议在我国著作权法环境下面临的主要问题

一、作者放弃精神权利是否具有正当性

作者是否可以放弃版权中的精神权利这一问题一直存在争议，各国的司法实践也不尽相同。大多数保护精神权利的国家在版权法中做出了精神权利不可剥夺、不可转让等规定。"不可剥夺"既可以理解为不可放弃，也可以理解为允许放弃，因为禁止放弃也是一种剥夺❶。在开放获取环境下，作者可以通过开放版权许可协议放弃全部版权权利，将作品投放公共领域，例如 CC 0、PDL、PDDL、Talis 关联协议等，作者放弃精神权利是否具有法律正当性，是一个值得深入探讨的问题。笔者认

---

❶　郑成思. 有关作者精神权利的几个理论问题［J］. 中国法学，1990（3）：71-78.

为，在网络环境下，作者的署名权、保护作品完整
权虽然从法律规定来看，旨在维护作者的利益，但
其实际最大受益者是社会公众。保护作者的精神权
利能使作品本身的形象和影响得到保持和维护，避
免社会公众受到误导❶。精神权利是否应该允许放
弃，可以考虑根据适用对象的不同有所区分。

二、开放版权许可协议免责条款的无效性

根据上文分析，单纯就开放版权许可协议本身
而言，其本质属于要约，是当事人订立合同的一种
方式。当作品利用者以实际行动作出承诺时，合同
成立。但开放版权许可协议的规定内容中都含有免
除作者责任条款，根据我国《合同法》第 40 条规
定，格式条款提供方禁止在合同中免除自己责任、
加重对方责任，否则该条款无效。因此严格从合同
法角度来看，开放版权许可协议中的免责条款均属
无效条款。如果在我国发生相关法律纠纷，作者应
对其在开放获取中贡献的作品承担相应的法律责

---

❶ 唐广良. 知识产权反观、妄议与臆测 [M]. 北京：知识产权出版社，
2013：255.

任，不能依据开放版权许可协议的约定免责。

三、开放版权许可协议兼容性问题

在开放获取实践中，图书馆面临的最直接问题是不同开放版权许可协议之间的兼容性问题。目前国科图开放获取的主要途径是开放存储，建设学科机构知识库，通过中国科学院机构知识库服务网格（CAS IR GRID）定期采集院内各研究所机构知识库的信息❶。在存储作者的作品时，特别是国外最新公布的开放获取期刊、科学数据，会遇到大量的开放版权许可协议，不同协议适用的标准不同，当图书馆经过汇总整理准备出版这些不同种类的信息时，应该采用怎样的协议才能保证行为的合法性？笔者认为，较为妥善的处理方式是依据权利上限进行权益规范。例如，内容 A 采用 CC 0 许可协议开放存储，数据 B 采用 ODC-BY 许可协议开放存储。当图书馆根据实际需要，将信息 A 和信息 B 整合为一个数据集时，则该数据集应采用 ODC-BY 许可协议发行才有可能避免侵权行为的发生。因为如

---

❶ 中国科学院机构知识库网格. http://www.irgrid.ac.cn/，2015-03-18.

果将数据集以 CC 0 发布，使用者修改其中的数据
B 后不知 ODC-BY 的存在，未在传播过程标注原
作者署名权，则其行为构成侵权。但因其不存在主
观过错，赔偿责任可能将转嫁图书馆承担❶。

四、科学数据管理适用开放版权许可协议的不确定性

科学数据是开放获取的重要组成部分，同时也
是当前和未来图书馆数字化建设和支持科技创新、
社会进步的重要发展方向❷。现在，越来越多的科
研项目资助者要求受资助人公布其科研过程中所产
生的科学数据，以供其他科研人员审查、借鉴和创
新，此举不仅可以降低数据采集成本和数据重复的
可能性，还有助于提高研究效率和质量。国际上有
些期刊已经采取了类似立场，要求作者在期刊本身

---

❶ 朱丹. 过错认定及其著作权侵权赔偿责任［J］. 人民司法，2013（7）：
83-86.

❷ 顾立平. 开放获取资源的发展研究［J］. 信息资源管理学报，2014（1）：
34-51.

或者被认可的数据知识库中存储他们的科学数据❶。在科研活动中产生的数据大多经过了科研工作者的精心整理、筛选、分析，往往以数据集（包括数据库、数据集合和数据组）的形式存在❷。在我国，数据集中的数据库形式能够作为汇编作品受法律保护❸，可以适用开放版权许可协议；关于数据集合和数据组目前没有明确的法律规定，因此无须许可，任何人可以自由利用。但在科学数据管理过程中，如何确定一个数据集是否可以适用开放版权许可协议缺乏规范的认定标准，需要在今后的实践中不断探索。

---

❶　例如《美国经济评论》（American Economic Review）、《进化生物学杂志》（Journal of Evolutionary Biology）等期刊。王晴. 国外典型机构知识库的OA政策与权益管理及启示［J］. 新世纪图书馆，2014（4）：48-51.

❷　根据世界经济合作及发展组织（OECD）的定义，数据集是指任何有组织的数据集合。这个概念具有很大弹性，大至相当于数据库，小至一个事件（a case level）的数据集合，甚至是一段时间内相同结构的一组数据。谷秀洁、李华伟. 从Paton原则看科学数据的法律属性与开放利用机制［J］. 图书情报知识，2012（4）：88-94.

❸　《著作权法》第14条规定，汇编若干作品、作品的片段或者不构成作品的数据或其他材料，对其内容的选择或者编排体现独创性的作品，为汇编作品，其著作权由汇编人享有，但行使著作权时，不得侵犯原作品的著作权。

五、图书馆发布信息行为的合法性争议

无论是线上还是线下，图书馆只是信息的存储者、发布者，并不是免费信息的提供者。目前任何国家都不允许图书馆未经作者许可，将馆藏作品上传至网络，供社会公众免费获取。并且，网络是没有国界的。如果允许我国图书馆将馆藏作品数字化上传至网络，不设任何限制的由所有人自由阅读或下载，则很有可能会被其他国家获取。这不但会给我国作者的版权权益造成重大影响，还可能导致我国的文化利益遭受莫大损失。需要再次强调的是，现在社会上有很多打着"数字图书馆"旗号的数字图书数据库商，他们大多以营利为目，并非公益性图书馆。早在 1976 年美国众议院就对"图书馆"的性质予以明确界定，禁止将纯粹以营利为目的的企业建立的藏书机构称为档案馆或图书馆，并禁止其进行商业性复制和发行活动。与此相同的是，在我国相关司法实践中，也对公益性数字图书馆和数字图书数据库商进行了明确区分，司法机关在审理该类案件时，对数字图书数据库商以图书馆身份提出抗辩的理由不予采信❶。

六、学者对开放获取的不同态度

科学按研究对象的不同可以分为自然科学和社
会科学。自然科学的学者的学术成果多受到国家科
研资金的大力支持，取之于公、用之于民是符合公
平原则的。2014 年 5 月 15 日，中国科学院发布了
《中国科学院关于公共资助科研项目发表的论文实
行开放获取的政策声明》❷，要求院内的学者、学
生受科研经费支持并且以单位名义发表的作品，在
发表后 12 个月期间存储至所属单位机构知识库，
允许作者选择一定的保留期限。或许是在对开放获
取的追求和职称晋升的双重影响下，中国科学院的
专家学者们未提出异议，并积极提交自己的作品。
相比之下，社会科学的学者的资金支持远不如自然
科学丰厚，很多学者需要依靠微薄的版权费用弥补

---

❶　孙雷．浅谈图书馆业务所涉及的著作权问题［EB/OL］．［2015-03-24］.
http://www.npc.gov.cn/npc/xinwen/rdlt/fzjs/2010-05/21/content_ 1574333.htm.

❷　全球研究理事会 2014 年北京会议新闻通气会召开［EB/OL］．［2015-03-
18］. http://www.cas.cn/xw/yxdt/201405/t20140516_ 4121375.shtml.

自己投入的智力劳动创作成本❶。而大部分开放获取期刊的经费来源主要依靠作者付费❷。因此在缺乏配套激励或补偿机制的情况下，强行要求人文学科的学者也一并参加到开放获取中来，既不合情理，也不现实。

此外，开放获取作为一种新的传播模式，对信息传播有很大促进作用。在科研人员中，中青年科研人员对开放获取的兴趣相对较高，更愿意接受这种新的版权授权许可模式❸，这与他们渴望获得更高知名度有关。但有些开放存储平台和部分开放获取期刊缺乏完善的评审机制，发表的论文水平不一，良莠不齐。目前大部分权威期刊没有开放获取，开放获取期刊也并未建立较高声誉。因此，学者要想获得科学共同体的认可，往往会把质量较高的学术成果投稿给权威期刊，如此一来很难打破传统的期刊格局，不利于提高开放获取期刊的知名

❶ 周林. 信息自由与版权保护 [J]. 电子知识产权，2007（8）：60-62.

❷ 刘巧英. 我国开放获取运动的追溯与展望 [J]. 情报资料工作，2011（6）：31-34.

❸ 李麟. 我国科研人员对科技信息开放获取的态度——以中国科学院科研人员为例 [J]. 图书情报工作，2006（7）：34-38.

度，使其走上良性发展的轨道❶。这也是开放版权许可协议目前很难在我国大规模普遍适用的主要原因之一。

---

❶ 张立，崔政，许为民．开放获取——科学公有主义的当代形塑 ［J］．自然辩证法研究，2014（1）：37-42．

第五章 CHAPTER 5
结　语

信息是自由流动的，一经生成，任何力量都很难阻止它的传播❶。在印刷技术时代，信息传播主要是单向的，即从传播者到社会公众，社会公众仅仅是信息的被动接受者❷。但到了数字网络时代，任何人只要会上网，就有可能既是信息创造者，又是信息利用者和传播者，如果信息利用者违反了有关法律规定还可能成为信息侵权者。信息传播技术的发展是一把锋利的双刃剑。

信息传播方式的变革对版权制度提出了更高要求。开放版权许可协议是在现有版权许可制度的基础上创新出的新型授权模式，兼具代理授权和要约授权的特征，同时又具备自身特点。开放版权许可

❶　周林.信息、信息利用与信息正义［M］//周林.知识产权研究.第22卷.北京：知识产权出版社，2014：1.

❷　杨延超.困惑与反思：精神权利与科技发展. http://www.cssn.cn/13/1300/130005/13000503/200908/t20090821_155670.shtml，2009-08-21/2015-04-01.

协议现主要适用于开放获取运动，并处于不断发展更新之中。值得肯定的是，开放版权许可协议提出了一种由"保留全部权利"改为"保留部分权利"的新理念，鼓励作者让渡大部分权利给社会公众，降低版权利用成本，减少制度阻碍，有利于帮助作者扩大作品的传播范围，有助于推动全社会信息开放获取，同时也为图书馆数字化建设创造了便利条件。最重要的是，它对版权制度的未来发展模式具有很大启发意义❶。

开放版权许可协议利用自身适应数字时代发展的独特优势，为作者和作品的利用者搭建了一个良好的沟通平台，从长远看这种制度是具有生命力的，它含有必要的版权权利要素，能够适用于内容、软件、数据等不同种类信息的复制和传播，能够适应数字信息时代的发展需要，能够促进信息自由的实现。但在现阶段，开放版权许可协议方便作者、传播者和使用者的同时，还应考虑其自身还有哪些局限性以及实践中存在的问题。版权制度随印刷复制技术的新出现而生，也有可能随更新的复制

---

❶ 王太平，姚鹤徽，韩冰. 开放获取运动与版权制度的未来模式 [J]. 图书馆，2009（5）：5-7.

传播技术而亡。在信息时代，我们应该对传统版权制度进行辩证的扬弃。对制度的创新，我们要付出更大的勇气和更多的智慧❶。

现代版权法是一个开放性的法律体系，我们可以尝试大胆假设，在传统的版权许可制度体系中增加一套新的特殊许可模式，即开放版权许可协议。新旧两种授权模式是并行的关系，由作者自己决定其作品适用传统版权合同还是开放版权许可协议，尊重作者的意志和选择❷。开放版权许可协议与传统版权授权制度很像用户创造内容（User - Generated Content，简称 UGG 规则）和数字千年版权法案（简称 DMCA 法案）之间的关系，属于网络自治与法治的范畴。网络自治和网络法治可以互依共存，但网络自治必须以网络法治框架为基础❸。开放版权许可协议虽然与传统的版权许可制度有许多不同的地方，但两者毕竟都是以版权法为基础产

❶　周林．中国版权史是一门学问［G］//李雨峰．枪口下的法律：中国版权史研究．北京：知识产权出版社，2006.

❷　何晓丽．浅析 copyleft 规则下的版权许可模式［J］．法制与社会，2009（10）：62-63.

❸　张慧霞．美国 UGC 规则探讨——兼论网络自治与法治的关系［J］．电子知识产权，2008（5）：37-39.

生和发展的，从根本意义上讲，两者有着共同的目标，即促进知识传递和信息传播，虽然在设计理念和实践路径上有很大差别，但最终殊途同归。两者并存的制度设计，既能够减轻既得利益者的质疑和阻挠，又可以让开放版权许可协议在实践中接受更多的考验，还有利于促进传统版权许可制度顺应数字信息时代的潮流，在与开放版权许可协议的磨合中实现自身的完善。笔者认为，也许随着经济的发展、技术的变革、政策的调整还会有更新的版权制度出现，但目前来看，开放版权许可协议可以作为传统版权授权制度的有益补充与之共存。以上结论只是笔者初步思考的结果，希望今后能对开放版权许可协议有更进一步的深入研究。

参考文献

一、著作类

[1] 郑成思．知识产权法［M］．北京：法律出版社，2003.

[2] 郑成思．知识产权论［M］．北京：社会科学文献出版社，2007.

[3] 郑成思．知识产权文丛［M］．第11卷．北京：中国方正出版社，2004.

[4] 李明德．知识产权法［M］．北京：社会科学文献出版社，2007.

[5] 李明德，许超．著作权法［M］．第2版．北京：法律出版社，2009.

[6] 周林．知识产权研究［M］．第21卷．北京：知识产权出版社，2012.

[7] 周林．知识产权研究［M］．第22卷．北京：知识产权出版社，2014.

［8］ 管育鹰．知识产权法学的新发展［M］．北京：中国社会科学出版社，2013．

［9］ 李明德，管育鹰，唐广良．《著作权法》专家建议稿说明［M］．北京：法律出版社，2012．

［10］ 唐广良．知识产权反观、妄议与臆测［M］．北京：知识产权出版社，2013．

［11］ 吴汉东．知识产权法学［M］．第4版．北京：北京大学出版社，2009．

［12］ 沈仁干．郑成思版权文集［M］．第1卷．北京：中国人民大学出版社，2008．

［13］ 张平．网络法律评论［M］．第5卷．北京：北京大学出版社，2004．

［14］ 张平．网络法律评论［M］．第6卷．北京：北京大学出版社，2005．

［15］ 张平，马骁．共享智慧——开源软件知识产权问题解析［M］．北京：北京大学出版社，2005．

［16］ 李雨峰．枪口下的法律：中国版权史研究［M］．北京：知识产权出版社，2006．

［17］ 郭威．版权默示许可制度研究［M］．北京：中国法制出版社，2014．

［18］ 李雨峰，王迁，刘有东．著作权法［M］．厦门：厦门大

学出版社，2006.

［19］杨红军．版权许可制度论［M］．北京：知识产权出版社，2013.

［20］马海群，等．面向数字图书馆的著作权制度创新［M］．北京：知识产权出版社，2011.

［21］卢现祥．新制度经济学［M］．第2版．武汉：武汉大学出版社，2011.

［22］肖燕．网络环境下的著作权与数字图书馆［M］．北京：北京图书馆出版社，2002.

［23］梅术文．著作权法上的传播权研究［M］．北京：法律出版社，2012.

二、论文类

［1］郑成思．有关作者精神权利的几个理论问题［J］．中国法学，1990（3）.

［2］李明德．我国《著作权法》的第三次修改与建议［J］．知识产权，2012（5）.

［3］李顺德．版权、出版权和出版者权［J］．科技与出版，2006（1）.

［4］周林．信息自由与版权保护［J］．电子知识产权，2007（8）.

［5］张慧霞.《信息网络传播权保护条例》有关图书馆的规定解读［J］.电子知识产权，2007（1）.

［6］张慧霞.美国 UGC 规则探讨——兼论网络自治与法治的关系［J］.电子知识产权，2008（5）.

［7］杨延超.数字技术 VS 作者精神权利制度［J］.电子知识产权，2007（2）.

［8］秦珂."合理使用权"与"著作权"的冲突及协调——对《信息网络传播权保护条例》第七条中一个特殊问题的分析［J］.理论与探索，2011（1）.

［9］何晓丽.浅析 copyleft 规则下的版权许可模式［J］.法制与社会，2009（10）.

［10］陈传夫.中国科学数据公共获取机制特点、障碍与优化的建议［J］.中国软科学，2004（2）.

［11］陈传夫.开放内容的类型及其知识产权管理［J］.中国图书馆学报，2004（6）.

［12］翟建雄.信息开放获取中的版权问题及图书馆的对策［J］.法律文献信息与研究，2006（4）.

［13］翟建雄.《知识共享许可协议》及其司法判例介绍［J］.图书馆建设，2007（6）.

［14］顾立平.开放获取资源的发展研究［J］.信息资源管理学报，2014（1）.

［15］顾立平．科学数据权益分析的基本框架［J］．图书情报知识，2014（1）.

［16］杨冠灿，芦昆．科学数据管理：保障数据质量，促进iSchools 新科学研究［J］．图书情报知识，2013（4）.

［17］王太平，姚鹤徽，韩冰．开放获取运动与版权制度的未来模式［J］．图书馆，2009（5）.

［18］张平，马骁．开源软件对知识产权制度的批判与兼容（一）［J］．知识产权，2004（1）.

［19］张平，马骁．开源软件对知识产权制度的批判与兼容（二）——开源软件许可证的比较研究［J］．知识产权研究，2004（2）.

［20］冯晓青．演绎权之沿革及其理论思考［J］．山西师大学报（社会科学版），2007（3）.

［21］司莉，邢文明．国外科学数据管理与共享政策调查及对我国的启示［J］．情报资料工作，2013（1）.

［22］司莉，辛娟娟．科学数据共享中的利益平衡机制研究［J］．图书馆学研究，2015（1）.

［23］谷秀洁，李华伟．从 Paton 原则看科学数据的法律属性与开放利用机制［J］．图书情报知识，2012（4）.

［24］王晴．国外典型机构知识库的 OA 政策与权益管理及启示［J］．新世纪图书馆，2014（4）.

［25］陈一村．开放源代码软件的著作权保护［J］．华侨大学学报（哲学社会科学版），2008（2）．

［26］李振．另类思路成就游戏开发师［J］．职业，2014（13）．

［27］张衡．"知识共享"协议在政府信息资源开发中的适用性研究［J］．求实，2012（1）．

［28］傅小锋，李俊，黎建辉．国际科学数据的发展与共享［J］．中国基础科学，2009（2）．

［29］张春景，刘炜，夏翠娟，赵亮．关联数据开放应用协议［J］．中国图书馆学报，2012（1）．

［30］李佳佳．国外开放数据许可及相关机制研究［J］．理论与探索，2010（8）．

［31］陶锡良．数字图书馆职能及相关法律问题初探［J］．上海市政法管理干部学院学报，2000（4）．

［32］张曙光．分工、交易和市场化［J］．南方经济，2014（11）．

［33］王学军．市场竞争格局的失衡及治理对策［J］．经济问题探索，1992（2）．

［34］周艳敏，宋慧献．古登堡之后：从印刷特权到现代版权［J］．出版发行研究，2008（9）．

［35］易健雄．"世界上第一部版权法"之反思——重读《安

妮法》[J].知识产权,2008(1).

[36] 秦珂.开放获取著作权管理的特点分析 [J].情报理论与实践,2006(4).

[37] 白献阳、安小米.国外政府信息资源再利用许可使用模式研究 [J].情报资料工作,2013(1).

[38] 高富平.寻求数字时代的版权法生存法则 [J].知识产权,2011(2).

[39] 周训杰.数字作品的许可授权机制——创作共用 [J].图书馆工作与研究,2007(6).

[40] 黄少玲.对开放获取及其版权保护的探究 [J].图书馆学研究,2009(5).

[41] 田胜.数字图书馆建设中的版权许可问题探讨 [J].内蒙古电大学刊,2006(12).

[42] 何晓丽.浅析 copyleft 规则下的版权许可模式 [J].法制与社会,2009(10).

[43] 傅蓉.开放内容许可协议及其内容研究 [J].情报理论与实践,2012(12).

[44] 彭学龙.技术发展与法律变迁中的复制权 [J].科技与法律,2006(1).

[45] 吕炳斌.数字时代版权保护理念的重构——从以复制权为中心到以传播权为中心 [J].北方法学,2007(6).

[46] 冉从敬，黄海瑛．著作权合理使用制度的挑战与重构规则初探［J］．知识产权，2003（6）．

[47] 朱丹．过错认定及其著作权侵权赔偿责任［J］．人民司法，2013（7）．

[48] 李麟．我国科研人员对科技信息开放获取的态度——以中国科学院科研人员为例［J］．图书情报工作，2006（7）．

[49] 张立，崔政，许为民．开放获取——科学公有主义的当代形塑［J］．自然辩证法研究，2014（1）．

[50] 刘巧英．我国开放获取运动的追溯与展望［J］．情报资料工作，2011（6）．

[51] 科学信息开放获取战略与政策国际研讨会在京召开［J］．现代图书情报技术，2005（8）．

[52] 杨延超．作品精神权利论［D］．西南政法大学博士学位论文，2006．

[53] 杨学春．开放存取的理论基础——兼论许可协议［D］．华东师范大学硕士学位论文，2008．

[54] 杨彬．开源软件许可证研究［D］．山东大学硕士学位论文，2008．

[55] 彭霞．论GPL规则下开源软件对我国知识产权制度的影响［D］．西南政法大学硕士学位论文，2009．

[56] 范俪. 数字版权语境下的知识共享许可协议研究［D］. 西南政法大学硕士学位论文，2011.

[57] 李高超. 知识共享和著作权制度的未来模式［D］. 华中科技大学硕士学位论文，2011.

[58] 彭艳. 开放版权许可协议研究［D］. 湘潭大学硕士学位论文，2012.

[59] 陈星. 开放获取模式对高校版权制度的影响分析［D］. 华中科技大学硕士学位论文，2010.

[60] 朱秀明. 数字图书馆版权许可制度研究［D］. 中国政法大学硕士学位论文，2011.

[61] 化宇鹏. 移动网络环境中的数字版权管理技术研究［D］. 北京邮电大学硕士学位论文，2007.

三、报纸类

[1] 李顺德. TRIPs 与我国的知识产权法律制度［N］. 国际商报，2001-08-12（6）.

[2] 朱磊. 文著协：应遵循"先授权后使用"的原则［N］. 法制日报，2009-11-09（7）.

[3] 黄超. 陷入版权"雷区"海外公开课中国之路能否走好［N］. 北京青年报，2011-11-15（9）.

[4] 张国. 科学家与出版界再燃战火［N］. 中国青年报，

2012-07-06（3）.

［5］张国. 部分高校面临学术断粮［N］. 中国青年报, 2008-06-04（3）.

［6］张巧玲. 打通开放获取"最后一公里"［N］. 中国科学报, 2012-12-04（1）.

四、外文资料

［1］Peter Suber, *Open Access*, Cambridge：MIT Press Essential Knowledge, 2012, p. 7.

［2］Martin Paul Eve, *Open Access and the Humanities Contexts, Controversies and the Future*, Cambridge：Cambridge University Press, 2014, p. 107.

［3］The Open Source Definition Version1. 8. http：//www. open-source.org/docs/definition.html, 2015-03-17.

［4］What Obstacles Limit Access Association of Research Libraries Issues in Scholarly Communication Open Access, http：//www. arl. org/scomm/openaccess/framing. html, 2015-03-17.

［5］Open Licenses vs Public Licenses. http：//blog.okfn.org/2010/10/15/open-licenses-vs-public-licenses/, 2015-03-17.

［6］Travel Site Built on Wiki Ethos Now Bedevils Its Owner. ht-tp：//www. nytimes. com/2012/09/10/business/media/once-a-profit-dream-wikitravel-now-bedevils-owner.html, 2015-03-17.

[7] Bethesda Statement on Open Access Publishing. http://legacy.earlham.edu/~peters/fos/bethesda.htm, 2015-03-16.

[8] Berlin Declaration on Open Access to Knowledge in the Sciences and Humanities. http://www.berlin7.org/spip.php%3Farticle28.html, 2015-03-16.

[9] Budapest Open Access Initiative. http://www.budapestopenaccessinitiative.org/, 2015-03-16.

[10] Berlin Declaration on Open Access to Knowledge in the Sciences and Humanities. http://www.berlin7.org/spip.php%3Farticle28.html, 2015-03-16.

[11] Open Publication License. http://www.opencontent.org/openpub/, 2015-03-08.

[12] Attribution 3.0 Unported (CC BY 3.0). http://creativecommons.org/licenses/by/3.0/, 2015-03-05.

[13] CC0 1.0 Universal (CC0 1.0). http://creativecommons.org/publicdomain/zero/1.0/, 2015-03-08.

[14] CC Plus. http://wiki.creativecommons.org/CCPlus, 2015-03-05.

[15] Public Domain Dedication. http://creativecommons.org/

publicdomain/zero/1.0/, 2015-03-07.

[16] Digital Peer Publishing License. http://www.dipp.nrw.de/ lizenzen/dppl/index _ html? set _ language = en&cl = en, 2015-03-08.

[17] Against DRM 2. 0. http://www.freecreations.org/Against_ DRM2.html, 2015-03-08.

[18] Free art license 1. 3. http://artlibre.org/license/lal/en, 2015-03-08.

[19] Design science license. http://www.gnu.org/licenses/dsl. html, 2015-03-08.

[20] Free ar BBC creative archive license group. http://www.bbc. co.uk/creativearchive/cal_ group/index.shtml, 2015-03-09.

[21] The license. http://www.bbc.co.uk/creativearchive/license/ index.shtml, 2015-03-09.

[22] Open game license. http://en.wikipedia.org/wiki/Open_ Game_ License, 2015-03-05.

[23] GNU Free Documentation License. http://woodpecker.org. cn/diveintopython/appendix/fdl.html, 2015-03-05.

[24] Licenses by Name. http://www.opensource.org/licenses/al- phabetical, 2015-03-08.

[25] WIPO Copyright Treaty. http://www.wipo.int/treaties/en/

text.jsp?file_ id=295166, 2015-03-29.

[26] GNU Operating System. http://www.gnu.or, 2015-03-22.

[27] Promouvoir et défendre le logiciel libre. http://gnu.april.org/ licenses/lgpl.html, 2015-03-08.

[28] The 4.4BSD Copyright. http://www.freebsd.org/copyright/ license.html, 2015-03-06.

[29] Mozilla Public License. https://www.mozilla.org/MPL/, 2015-03-06.

[30] Open Database License (ODbL) v1.0. http://opendata-commons.org/licenses/odbl/1.0/, 2015-03-06.

[31] Protocol for Implementing Open Access Data. http://sci-encecommons.org/projects/publishing/open-access-data-protocol/, 2015-03-06.

[32] How to license research data. http://www.dcc.ac.uk/re-sources/how-guides/license-research-data#fn18x0, 2015-03-05.

[33] AusGOAL Restrictive License template. http://www.aus-goal.gov.au/restrictive-license-template, 2015-03-06.

[34] The Talis Community License (draft). http://www.talis.com/tdn/tcl, 2015-03-06.

[35] ADS deposit license. http://www.ahds.ac.uk/documents/

ahds-archaeology-license-form.doc, 2015-03-08.

[36] Alex Ball: How to License Research Data. http://www.dcc. ac.uk/resources/how-guides/license-research-data#fn17x0, 2015-03-24.

[37] Rothamsted Research Website. http://www.rothamsted.ac. uk/, 2015-03-24.

[38] Multinational Brassica Genome Project Website. http://www. brassica.info/, 2015-03-24.

[39] License Agreement. http://ukdataservice.ac.uk/media/28102/ licenseform.pdf, 2015-03-24.

[40] The Terms of Use and Access to ADS Resources. (n. d.). http://archaeologydataservice.ac.uk/advice/termsOfUseAn- dAccess, 2015-03-24.

[41] Blanco, E. (2012, Sept. 9). Dual-licensing as a business model. http://oss - watch.ac.uk/resources/duallicense2, 2015-03-24.

[42] AMI Meeting Corpus Website. http://groups.inf.ed.ac.uk/ ami/corpus/, 2015-03-25.

[43] The AMI Meeting Corpus License is similar but not identical to the Creative Commons BY-NC-SA 2.0 License. http:// groups.inf.ed.ac.uk/ami/corpus/license.shtml, 2015-03-25.

五、网络资料

［1］周林. 法院终审判决书生公司败诉［EB/OL］.［2015－03－15］. http://www. chinalawedu. com/news/20800/214/2005/6/li89331510441026500235880_ 169544.htm.

［2］杨延超. 困惑与反思：精神权利与科技发展［EB/OL］.［2015－04－01］. http://www. cssn. cn/13/1300/130005/13000503/200908/t20090821_ 155670.shtml.

［3］阮一峰. Copyleft 和 GFDL 许可协议［EB/OL］.［2015－03－05］. http://www. ruanyifeng. com/blog/2008/04/copyleft_ and_ gfdl.html.

［4］王春燕. 知识共享在中国：从理念到现实［EB/OL］.［2006－04－14/2015－03－20］. http://www.civillaw.com.cn/article/default.asp?id＝25797.

［5］孙雷. 浅谈图书馆业务所涉及的著作权问题［EB/OL］.［2015－03－24］. http://www.npc.gov.cn/npc/xinwen/rdlt/fzjs/2010－05/21/content_ 1574333.htm.

［6］国务院法制办公室关于公布《中华人民共和国著作权法（修订草案送审稿）》公开征求意见的通知［EB/OL］.［2015－03－30］. http://www.chinalaw.gov.cn/article/cazjgg/201406/20140600396188.shtml.

［7］中国开放获取推介周［EB/OL］．［2015-03-15］．http://
chinaoaweek.las.ac.cn．

［8］中国科学院文献情报中心（国家科学图书馆）历史沿革，
http://www.las.cas.cn/gkjj/lsyg/．

［9］致国际出版商的公开信［EB/OL］．［2015-03-18］．http://
www.clas.ac.cn/xwzx/gzdt/201009/t20100908_ 2952517.html．

［10］致中国科技文献读者的公开信［EB/OL］．［2015-03-18］．
http://www.clas.ac.cn/xwzx/gzdt/201009/t20100908_ 29525
20.html．

［11］我国33家图书馆联合反对个别国际出版商大幅涨价行为
［EB/OL］．［2015-03-18］．http://www.cas.cn/xw/zyxw/
yw/201009/t20100909_ 2957268.shtml．

［12］中国科学院科技期刊开放获取平台［EB/OL］．［2015-
03-18］．http://www.oaj.cas.cn/．

［13］中国科学院机构知识库网格［EB/OL］．［2015-03-18］．
http://www.irgrid.ac.cn/．

［14］全球研究理事会2014年北京会议新闻通气会召开［EB/
OL］．［2015-03-18］．http://www.cas.cn/xw/yxdt/201405/
t20140516_ 4121375.shtml．

［15］"保留部分权利"：构建合理的著作权层次［EB/OL］．
［2015-03-18］．http://creativecommons.net.cn/about/his-

tory/.

［16］Linux 创始人要求软件开发者署名并保证原创［EB/OL］.
［2015-03-27］. http://www.yesky.com/homepage/21900
1834121986048/20040527/1801710.shtml.

［17］国务院法制办公室关于公布《中华人民共和国著作权法
（修订草案送审稿）》公开征求意见的通知［EB/OL］.
［2015 - 03 - 30］. http://www.chinalaw.gov.cn/article/
cazjgg/201406/20140600396188.shtml, 2015-03-30.

［18］Open Acess 开放获取（开放获取）定义［EB/OL］.
［2015 - 03 - 29］. http://www.oalib.com/html/xwdt10Ajie
shao/5776.html.

后　记

在毕业论文即将完成之际，我首先要向我的导师周林教授致以最真挚的谢意。周老师不仅博闻强识，治学严谨，更是时刻为学生着想。无论是在学习方面，还是生活方面，每当有困难向周老师求助时，他总会毫不犹豫地伸出援助之手，让孤身一人在北京求学的我时常感受到父亲般的温暖。研究生三年学习期间，周老师多次邀请学生到家里做客，师母的热情关爱和高超的烹饪手艺常常令人流连忘返。在论文选题、写作和修改期间，周老师不厌其烦地给予我悉心的指导，再次向周老师表示深切的感激之情。

同时，还要感谢法学所知识产权研究中心的每一位老师，感谢李明德老师、李顺德老师、管育鹰老师、唐广良老师、杨延超老师三年来向我们传授了丰富的专业知识，自觉受益匪浅。论文中很多观点正是受到了众位老师的影响和启发，对我的写作帮助很大。特别感谢唐广良老师带领我和另外两位知识产权法法学硕士参与了"互联网安全的法律环境"课题研究工作，在课题调研和写作过程中，唐老师耐心教授了我们很多做人、做事、做学问的道理和方法。还要感谢中国科学院文献情报中心科技信息政策中心执行副主任顾立平老师，他帮助联系了国科图相关部门负责人进行调研访谈，提供了大量有关开放获取的珍贵资料，并对论文第四章提出修改意见。

最后，我要深深感谢我的父母，在别人都关心我飞得高不高的时候，他们更关心我飞得累不累，每一个电话，每一次问候，都能立刻使我迅速恢复奋斗状态。他们的支持是我不断前进的最大动力，希望能早日回报他们的养育之恩。

由于本人学识有限，本篇论文还有很多不足，希望能在今后的工作学习中不断完善。